Trenger Gud briller?

Skapelsesberetningen og det ondes problem

Richard Mure Exelby

Sajmište-monumentet til minne om de ca. 23 000 serbere og jøder som ble drept der, i den nazistiske konsentrasjonsleiren på bredden av Savaelven.

e-book: ISBN 978-82-691244-3-9 printed: ISBN 978-82-691244-2-2

Forord

«Om Gud kunne se på en verden som vår,

og kalle det 'svært godt',

– da trenger Han briller!»

Denne boken har utviklet seg over tid, fra den solfylte søndagen tidlig om våren da jeg, som student ved UEA, hadde satt meg på et usjenert sted i «Universitetslandsbyen». Etter mitt møte med Gud året før var jeg ikke lenger ateist, og nå leste jeg skapelsesberetningen med ferske øyne. Skeptisk var jeg fortsatt, men mens jeg leste fant jeg til min store forbauselse ut noe som

løste det ondes problem!

– Men det ondes problem er da uløselig! Boken her er en oppsummering av hva jeg fant den gangen, og konklusjonene det siden har ført meg til.

Jeg påstår ikke at jeg nå sitter inne med alle svarene. Det er utvilsomt fortsatt mange uløste mysterier. Dessuten vil nok mange synes at løsningen er for enkel.

Og det stemmer. Men på den andre siden, '$E = mc^2$' er også en ganske enkel ligning. Er den derfor feil?

Om du finner et svar dekkende eller ei, kommer an på spørsmålene dine. Og siden problemstillingene er like varierte som selve menneskeheten, er det tåpelig for noen å hevde å sitte inne med alle svarene. Den enkelte må selv bedømme om det jeg legger frem her, er til hjelp eller ikke, og hva som er enda viktigere: *om det er sant*.

Jeg har også oppsummert ideene mine i en YouTube-serie, og det kan hende at videoene oppklarer ting som ikke utdypes her. De vil i alle fall gi en slags visualisering av tankeinnholdet. Lenker til videoene er lagt ut bakerst i boken.

Problemet

In a world of pain and heartache everywhere.

Do you ever feel you're drowning in despair?

Don't give in, take some time to praise His Name.

And you will feel the burden lift away.

(Steve Camp: «It is Good»)

Trenger Gud briller?

Hvordan kunne Han betrakte en verden som vår og erklære det «svært godt», med mindre Gud ikke kan se klart? Trenger Han synstest?

Tenk på alt det som skjer i verden:

– sult og sykdom

– lidelse og vold

– tyveri og bedrag

– menneskehandel

– maktjag

– intoleranse

– fusk

– utnyttelse og overdreven luksus, side om side med sultedøden!

Kan ikke Gud se dette? Og – hvis Djevelen i det hele tatt finnes – hvem var det som skapte ham?

Hvordan går det an for Gud – som visstnok skal være kjærlighet – å skape en så ond verden? Er Han sadist, likegyldig til våre lidelser, eller rett og slett avmektig? Motsier Bibelen seg selv når den påstår at denne verden ble skapt av en allmektig, kjærlig Gud?

Problemstillingen er, i et nøtteskall, det som kalles for 'det ondes problem', det eldgamle spørsmålet: «Kan Gud være allmektig, god og skaperen av alt som er til, når verden så opplagt er grusom?»

Ja: Det kan Han! Gud er virkelig god, sier Bibelen, og så gir den et svar som er av praktisk art, men som også henger sammen rent intellektuelt. Spørsmålet er faktisk blant de første Bibelen gir svar på, og dette svaret blir så fulgt opp gjennom hele boken. Men Gud selv er mer opptatt av å faktisk *gjøre* noe med problemet, enn å tilfredsstille intellektuelle spekulasjoner. Vi kan trygt omformulere Karl Marx og si: Det som virkelig teller, er ikke «å utgrunne det ondes årsak», men **å bli kvitt det!**[1]

Så det verden trenger å vite med sikkerhet, er at Gud ikke har noen som helst glede i:
tårer ...
eller døden,
... ei heller sorg,
... gråt,
... eller smerte,[2]
og Han kommer en dag til å gjøre slutt på lidelsene. Gud er i gang med et endelig oppgjør med det onde,[3] og Han trenger ikke briller, heller. Han er i sannhet allmektig, all tings skaper, og trofast kjærlighet.

Eventyr for barn?

Bibelen starter med to historier som gir inntrykk av å være eventyr, så enkle at selv barn kan forstå dem. Men tro meg, disse historiene er alt annet enn enkle! De er derimot lignelser med en kraftfull filosofi, som ikke bare er ekstremt radikal, men som fortsatt er relevant for oss mennesker i dag. Vi kaller disse historiene for skapelsesberetningene.

Hvis du behandler disse som «eventyr for barn», kommer du til å overse selve poenget, – særlig dersom du tror at du kan skapelsesberetningene fra før. Da er det nemlig stor sannsynlighet for at din forståelse er preget av den forvrengte folklore-versjonen, den som handler om «epler» og «kunnskapens tre». Kanskje hørte du historiene for første gang i barnehagen. De hører faktisk til i et helt annet forum, så langt unna barnehagen som man kan komme.

Oldtidens folk formidlet sin filosofi og verdensforståelse via filosofimettede diktninger. De formulerte sitt verdenssyn ved hjelp av *myter*. Slike fortellinger hadde en dypere mening, og det er to nøkler til å forstå en myte: Den første er å ta den på alvor før du går videre, og å lodde dybden. Den neste nøkkelen er å lese myten på dens egne premisser, ellers kan du misforstå alt.

Skapelsesberetningene er oldtidslitteratur formulert for oldtidens mennesker på en måte som de kunne forstå. Men de er samtidig tidløse. Dagens lesere kan også forstå meningen med dem og knytte relevans til sine egne liv. Sjangermessig ligner beretningene mye på mytene til andre oldtidskulturer (som for eksempel Sumer[4]) og kan til og med bygge på dem. Likheten til andre slike myter er selvsagt interessant, men selv om sjangeren er den samme, kan sammenligning føre oss galt av sted. Skapelsesberetningene formidler et særegent og helt annerledes budskap.

I andre myter er det kaos som er den egentlige urtilstanden. Med andre ord er kreftene som forårsaker eksistensen tilfeldige, og alt skjer på slump gjennom en upersonlig prosess uten mål eller hensikt. Ved et sjansespill kastes gudene etter hvert opp, helt spontant, og helt uten plan. Disse gudene går så i gang med å skape orden ut av kaoset og frembringer slik den materielle verdenen.[5]

Gudene er ofte i krig med hverandre. I disse polyteismens myter er budskapet at universet er fragmentert, vilkårlig, konfliktfylt og iblant selvmotsigende. Og om det skulle finnes én forenende faktor bak de stridende krefter, er det da i form av en høygud, som Wotan, Zeus eller Vishnu. Denne høyguden hersker over de andre gudene, men er ofte fjern, utenfor rekkevidde, og av og til i konflikt med de øvrige gudene.

I følge slike myter er personifiserte krefter (guder) kun noe som oppstår sekundært. De kommer inn i bildet et stykke ut i utviklingen og er ikke selve opphavet til virkeligheten, bare et resultat av det. Og disse gudene er vilkårlige og ikke alltid vennlige. For eksempel, så gjemte de greske gudene all verdens lidelser i en kiste uten lås. Hensikten med dette var å lure den første kvinnen på jorden (Pandora) til å åpne kisten. Da hun så gjorde det, slapp hun ut all smerte, sykdom og sorg i verden. Gudene *vil* at vi skal lide, for å holde oss i stramme tøyler![6]

I hinduismen, for eksempel, er all vår eksistens bare Vishnus drøm. Mens han drømmer, blir drømmene til gudene og den materielle verdenen. Dersom han noensinne våkner fra drømmen, vil alt sammen smuldre opp og opphøre. Hva så er budskapet her? – Drømmer er tilfeldige, helt uten styring og på måfå. Ofte er de merkelige og gåtefulle og fører ingensteds hen. Andre ganger virker det som om de har en indre fornuftig sammenheng, men får uventede utfall, og det føles som om det er en skjult mening vi aldri får tak i, eller de viser seg å være meningsløse likevel. Så budskapet til Vishnumyten blir: Vi er ikke et resultat av planlagt gjennomtenkning. Vishnu har ikke villet vår eksistens. Livet ble bare tilfeldigvis til i en drøm uten hensikt og livet fører intet sted hen.

Så, ifølge myteskaperne, er vi virkelighetens leketøy. Realiteten er til syvende og sist upersonlig, og universet stiller seg knasende likegyldig til vårt ve og vel.

Den hebraiske skapelsesberetningen er derimot kompromistløst kontra-kulturell. Bibelen hevder at all eksistens er koordinert, og at alt begynner med Gud. I en polyteistisk kultur fremstår den monoteistisk, og forteller om én Gud, som er personlig, og som gjør alt i forhold til en bevisst, intelligent plan.

Og når det kommer til stykket, er det uansett kun to muligheter: Enten ble alle ting planlagt, eller så «begynte alt bare å vokse» som følge av en anselig porsjon flaks[7]. Årsaken til vår eksistens er enten *personlig*, eller ***u**personlig*! Alt annet er bare en diskusjon om hvilken oppskrift som ble brukt.[8]

Bibelen åpner med følgende påstand:

«I begynnelsen skapte Gud himmelen og jorden.»

Gud alene er alle tings opphav. All eksistens, også tiden, blir til på grunn av Hans vilje.[9] For å si det med moderne terminologi: Gud bringer til veie de materielle universene[10] og utløser 'the Big Bang'. Den eneste 'urtilstanden' er Gud selv. Til og med kaoset er skapt av Ham. Drivkraften bak hele virkeligheten er *personlig*.

Med dette som utgangspunkt, er det viktig å få svar på disse spørsmålene:

«Hva forteller skapelsesberetningen oss *egentlig*?» og «Kan vi stole på det?»

«Og se, det var svært godt!»

- Gud sa «Det skal bli lys!»

\- og så at det var godt.

- «... himmelen og hav!»

\- og så at det var godt.

- «... land og sjø, gress, planter, trær!»

\- og så at det var godt.

- «... sol, måne og stjernene!»

\- og så at det var godt.

- Han skapte hval, fisk og fugler

\- og så at det var godt.

- Han frembrakte hvert dyr

\- og så at det var godt.

- Og gjorde menneskeheten i Sitt eget bilde,

- og betraktet alt Han hadde gjort:

\- Og se, det var svært godt!

Hvis du teller hvor mange ganger ordet «godt» blir nevnt over, så finner du *«det var godt»* gjentatt systematisk frem til et høydepunkt «*svært godt»*. Til sammen: syv ganger.

I hebraiske skrifter,[11] betyr tallet syv 'guddommelig fullkommenhet'. Så 'syvfoldig godhet' betyr at universet som Gud skapte var mer enn bare godt – det var fullført, – det var alt som det skulle være:

Seks plus én = syv = fullkommen!

Menneskeheten er også innbefattet i den «alt som Han hadde gjort», som Gud ser er «svært godt». Så vi blir bare omtalt som «godt» i forhold til resten av skaperverket, ikke isolert.[12] Det er mulig å oppfatte det slik: Fordi vi har en unik oppgave i helhetens samspill, er vår godhet innbakt i form av vår rolle i verden.

Men siden *alt* Gud hadde gjort var godt, var *ingenting* ondt. Hvor kommer det onde fra da?

Ledetråden finner vi i den neste beretningen: Familietreet.

Et familietre

Et kart over relasjoner

Bibelens skapelsesberetning startet med en tidslinje som fortalte hendelsene i kronologisk rekkefølge.

Den fortsetter deretter med en ny beretning som også forteller om skapelsesprosessen, men i form av en ny sjanger – som også er helt typisk for oldtidslitteraturen, nemlig et familietre, eller en ættetavle (genealogi). Denne delen betegnes ofte som «den andre skapelsesberetningen».

Poenget med et familietre er å kartlegge forholdet mellom alle medlemmene. Av den grunnen kan treet hoppe, som et ekorn, frem og tilbake på tidslinjen. Fremstillingen holder seg ikke til kronologien, men til *tilknytningene* og deres relevans. Fortellingen kan for eksempel følge den eldste sønnens linje helt frem til i dag, for deretter å hoppe tilbake til en datters linje, hvis den da ikke tar et sprang til siden for å fortelle en anekdote om en fargerik person. Ættetavler svarer på spørsmål som: «Hvem er sønnen eller datteren til hvem?», «Hvordan er disse to individer i slekt med hverandre?» og «Hva skjedde i livene deres?»

Siden det er ikke vanlig å kalle den andre skapelsesberetningen for et familietre[13], skal jeg nå forklare hvorfor det faktisk er et. Nøkkelen ligger i ordene

«dette er fødslene til» som i norske oversettelser blir gjort om til: *«dette er fortellingen om»*.

Det er denne frasen[14] som gir navnet «Genesis» til hele boken (gresk for «opphav»)[15]. Hver gang denne frasen anvendes ellers i Det gamle testamentet (12 ganger til sammen,) blir det brukt uten unntak om det som fortelles *etterpå*, aldri om det som blir fortalt før. Og det som følger, er en ættetavle (en liste over navn, slektskap, familieforhold og anekdoter).

Akkurat som et dollartegn forteller oss at vi regner i amerikansk valuta, eller € viser at vi ikke bruker britiske pund sterling,[16] så viser overskriften oss hvilken sjanger, hvilken type dokument, vi har foran oss, og derfor hvordan vi skal lese det: For et slektsregister fungerer ikke som en tidslinje, men som et *kart*!

Skapelsens familietre viser

- *hvordan Gud er i slekt med menneskeheten*
- *menneskenes relasjon til jorden de er formet av*
- *hvordan dyr, mann og kvinne er i slektskap*
- *hvorfor menneskeheten fins*

Om man overser den grunnleggende forskjellen mellom en tidslinje og et slektsregister, kan man fort komme i vansker. Man prøver forgjeves å synkronisere den «første» skapelsesberetningen med den «andre»,[17] og man kan til og med tolke det dit hen at de motsier hverandre. Men siden de to versjonene egentlig utfyller hverandre, så det er en brist i den konklusjonen.

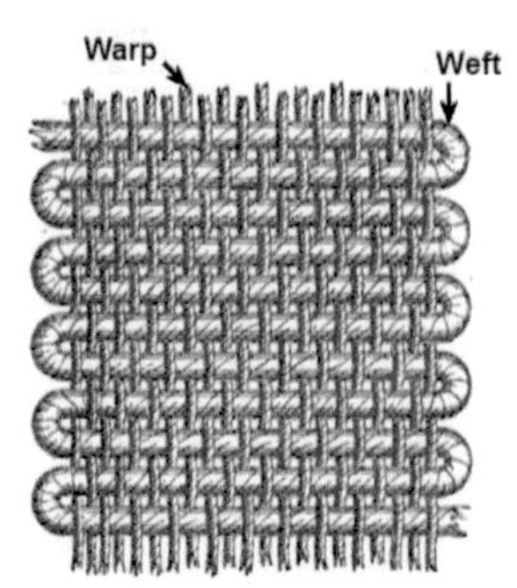

Versjonene er komplementære. De to ulike vinklingene fyller ut hverandres «hull», akkurat som i en vevnad: halvparten av trådene er tredd loddrett, mens resten av dem går i vannrett retning.

Guds hensikt er ikke å fylle hodene våre med masse kunnskap. Han ønsker derimot å gi oss et levende, tredimensjonalt forhold til seg selv.[18] Bibelen viser oss vei, ofte ved å fortelle om den samme hendelsen fra flere vinkler. Beretninger kan bli gjentatt, på nye måter, og med nyanseforskjeller. Hver illustrasjon er verdifull i kraft av seg selv, men fremhever en annen side ved budskapet. Når vi mediterer over likhetene og ulikhetene, startes en viktig prosess inni oss. Vår innsikt forvandles fra det to-dimensjonale forholdet vi har til de ordene vi ser på papiret, til et levende tre-dimensjonalt møte med den levende realiteten som finnes i ordene.[19]

Idet man tar informasjonen fra slektstreet og fletter den inn i tidslinjen, vil noen nye, fascinerende oppdagelser tre frem.

Et stykke jord som viser hvem Gud er

Den røde

På hebraisk betyr ordet 'Adam' 'menneskeheten', eller '*den røde*'[20] – noe som kanskje henviser til den rødlige terrakotta-keramikken eller til jord. 'Adam' kan også bety både hankjønn og hunkjønn, men fordi ordet grammatikalsk sett er i hankjønsform, så brukes det i oversettelser 'han' og 'ham' der det henvises til 'Adam', og der det strengt tatt egentlig burde stått 'den'. Dette kan forvirre leserne.[21] Riktignok er 'Adam' senere, i familietreet, brukt som egennavn for den aller første mannen. Men i den første skapelsesberetningen betyr ordet rett og slett 'menneske'.

Verbet 'å forme' blir benyttet for å beskrive måten Gud tilvirker både «adam-en» og dyrene. Ordet er det samme som brukes om å utføre en vase eller skål på pottemakerens dreieskive. 'Å forme' gir oss en forståelse av at det er en kraft utenfra som drar i eller dytter på råmaterialet inntil det har antatt en ønsket form. I så fall har «adam-en» gått igjennom en forandring før den har nådd sin endelige form.[22] Kort sagt, skapelsesberetningen er ikke nødvendigvis i konflikt med utviklingslæren.[23]

Men selv om «adam-en» er leire, er det også et leirtøy som inneholder Guds ånd: Livets pust blåses inn i det, og det blir til et levende vesen, som Gud kan kommunisere med, og gi oppdrag til.[24]

Forholdet mellom Gud og oss mennesker blir kartlagt: Vi er formet i hans bilde, men det er allikevel en viktig forskjell mellom Ham og oss: *Vi* er kunstverket, og *Han* er kunstneren. En kunstner er av kjøtt og blod, mens et selvportrett består av livløse fargepigmenter på et lerret. Allikevel er det påmalte lerretet et ekte uttrykk som kommer direkte fra maleren. På samme måte er vi mennesker et ekteskapt uttrykk for Guds natur, – som jo er av ånden, – selv om vi mennesker er laget av noe materielt.[25] Vi er, bokstavelig talt, «jordboere»: formet utifra jordens støv, som Ming vaser, slik at universet skal kunne avspeile sin skaper.[26] Det åndelige i oss kommer altså *innenfra*, og er ikke en slags «parallell, spirituell gjest» utenfra som har tatt bolig i oss. Dette er et viktig poeng, for om det materielle universet ikke er i stand til å uttrykke Gud med mindre noe utenfra må legges til, er ikke verden i bunn og grunn Guds.

Videre er universet nødt til å avspeile Guds egen natur for ikke å komme i utakt med sitt eget opphav[27] eller i disharmoni med prinsippene som styrer sin egen eksistens. Bibelens Gud er ikke en upersonlig kraft.[28] Han er personlig: Han tenker, lever, føler, handler, er selv-determinerende og kreativ. Det er opplagt at det Gud skaper i sitt eget bilde, også har Hans egenskaper. Selv om vårt univers fremviser Guds prakt, Hans storhet og Hans uendelige intelligens, oppfinnsomhet og makt, ville hele kosmoset mangle den mest sentrale av Hans personlige egenskaper, om det ikke også fremviste at:

– Gud er kjærlighet![29]

Skaperen har skapt oss mennesker for å avspeile og formidle denne kjærligheten. Vi er Guds selvportretter, utrustet med den samme kapasiteten til å elske.[30] Og vårt oppdrag er å administrere, utvikle og styre Guds verden, med og gjennom Hans kjærlighet. Samtidig er vi skapt til å være mottagere av Guds kjærlighet. Den skal nå frem til oss og blir konkret og virkelig i våre liv når vi elsker hverandre. Vi er kjærlighetens agenter, som skal dele Guds kjærlighet med alle – også oss selv.

Menneskeheten – buens sluttstein

Dette får enorme konsekvenser for vår selvforståelse. Vi må derfor studere følgene av denne innsikten før vi går videre med å finne ut av hvordan ondskapen kom inn i bildet.

For det første: *Du er et produkt av en bevisst avgjørelse.* Du er ikke et tilfeldig resultat av en tilfeldig tilpasning til tilfeldige hendelser og omgivelser. Gud sa: «*La oss skape.*»

For det andre: *Du har en rolle i verden*: Fordi du er skapt i Guds bilde, markerer du Guds rike hvor enn du går. Uttrykket 'bilde' refererte i oldtiden til statuene eller steinbildene konger fikk satt opp for å markere sine herredømmer: Ved å vise bilder av seg selv, viste de også andre at «her bestemmer jeg!»

For det tredje: *Du er skapt til å bidra med din egen kreativitet.* Mannen spille rollen som «sub-skaper».[31] Gud «*førte (dyrene) til mennesket for å se hva det ville kalle dem.*» (Det å gi navn til noe, var tegn på at man hadde myndighet.)[32] Gud forteller ikke Adam hva dyrene heter, «*Det som mennesket kalte hver levende skapning, det fikk den til navn.*» Mannen selv dikter opp navnene, og slik blir det.

Du har derfor en innebygget kreativitet, som i Guds opprinnelige plan ble gitt deg, så du kunne bidra til dine omgivelser i takt med ditt felleskap med Gud. Det er ikke snakk om et slags ufravikelig og fastlagt spor som du må holde deg strengt til, men derimot en fri, åpen og romslig invitasjon til å vandre dit hen du vil. Og til en viss grad står denne invitasjonen fortsatt ved lag.[33]

Dette forklarer hvorfor vi mennesker har kraft til å påvirke miljøet mer enn noe annet dyr på kloden. Vi er ikke «et fremmedlegeme i naturens øye»,[34] – våre kreative innspill var ment som en innebygd del av den økologiske balansen. (Vårt senere misbruk av denne rollen er en annen historie.)

Adam blir hentet og plassert inn i et beskyttet miljø: Edens Hage.[35] Dette er stikk i strid med evolusjonsteorien: Det er ikke vi som tilpasser oss til miljøet, det er miljøet som er skreddersydd for oss.[36] Men, allikevel er det noe som mangler.

Velkommen til jorden, damer, – dere gjør den perfekt!

«Det er ***ikke godt*** *at mannen skal være alene. Jeg vil lage en hjelper av samme slag.»*[37]

Noe er *«ikke godt»*. Ordene står i sterk kontrast til utsagnet «– o*g så at det var godt», som ble gjentatt, helt frem til det fullkomne. Men det er altså én livsviktig brikke som fortsatt mangler.

Mannen fikk møte alle dyrene, men selv om de alle var egnet som selskap,[38] tjente paraden bare til å understreke at ikke ett eneste dyr var mannens like. Noe manglet. Derfor skapte Gud kvinnen, og universet gjør dermed et gedigent kvantesprang.[39] Først når *Eva* er kommet på plass, skuer Gud ut over sitt håndverk for syvende gang. Og nå erklærer Han det for **«perfekt!»**

Det aller beste ble holdt igjen til sist! Om mannen er skaperverkets hode, er kvinnen skaperverkets krone! «Ikke godt» ble gjort om til «fullstendig godt», og det er Evas tilblivelse som har frembrakt endringen. På hvilken måte?

Hun kan få babyer: Eva gjør verden dynamisk!

Kvinnen er like mye Guds bilde som det mannen er.[40] Det at han blir skapt først, trenger ikke å bety at hun har underordnet betydning, men derimot at hele menneskeslekten springer ut fra dem begge i forening (mer om dette senere). Eva er like begavet, med et overflod av gudgitte talenter, sanser og evner. Noen av disse er de samme som mannens, mens andre er komplementære. Hun har et annet perspektiv på livet og andre prioriteter. Derfor, når deres krefter fungerer sammen, når mannen og kvinnen drar i samme spann, kan de håndtere situasjoner og makte ting ingen av dem vil kunne klare hver for seg – og dette er selve kjernepoenget med ekteskapet.[41] Men hverken kvinnen eller mannen eksisterer kun for å få barn; dette er bare ett av resultatene.[42] Vi eksisterer alle for vår egen skyld: for å være mottagere av Guds kjærlighet.

Navnet 'Eva' (som betyr 'liv' – «*fordi hun er mor til alt levende*»,) gis til kvinnen fordi hun kan få barn og fordi vi alle kommer fra henne. Hun tilføyer et nytt element: Guds perfekte univers er ikke et statisk univers.

En uendelig flom av individer får sitt utspring fra det opprinnelig paret.[43] Ingen blir identiske; alle vil variere i personlighet og utseende. Dette enkle utgangspunktet vil frembringe hele vår menneskeslekt: «alle jordens ætter», i all sin rikdom og mangfoldighet, og stadig vil nye og spennende variasjoner komme til.

Som med en kostbar juvels mange fasetter, er Guds bilde både individuelt *og* kollektivt. Hver eneste flate fremviser en av Guddommens mange fremragende egenskaper. Hver med sin unike nyanse, og alle utgjør en bit av helheten. Hver bit bidrar til å sette sammen det fullstendige bildet, akkurat som småstein i et mosaikkarbeid. Dette betyr ikke at Guds bilde i menneskeheten er ufullstendig, men at vår forståelse av Guds bilde øker stadig vekk! Å begripe hva Guds bilde går ut på, er en pågående prosess, akkurat som vi i verden også er i stadig utvikling. Nye personer blir til, den ene etter den andre, på samme måte lærer vi gradvis Gud å kjenne, mer og mer.

Så, DU teller: Uten deg blir bildet ufullstendig!

Denne innsikten får kjempeviktige konsekvenser for din selvforståelse. I og med at hver eneste en av oss er formet i Guds bilde, har også *du* en gudgitt egenverdi. Ergo: *Du kan, med rette, godta, akseptere og elske deg selv.*

Men, siden hvert menneske belyser Den allmektige på hver sin unike måte, kan du også med rette verdsette ikke bare *din* egenart, men også det som gjør *andre* unike. Du har grunn til å verdsette alle andre – dine barn inkludert – *for hvem de virkelig er.*

Kjærligheten oppstår i relasjoner. Derfor er også relasjoner innlemmet i Guds bilde, – medmenneskelige forhold teller, de også. Mennesker er derfor skapt til relasjoner. Mannen elsker sin kvinne. Kvinnen elsker sin mann. Og begge elsker barna som oppstår fra deres gledesfylte kjærlighet.

Eva ble skapt, *i relasjon,* til Adam. Det ble utført på denne måten, med vilje, både for å vise deres innbyrdes slektskap og nære forhold, men også for å avspeile kjærlighetsforholdet i Den hellige treenighet. Kvinnen oppstår fra mannens nærmeste side. Hun er «*bein av hans bein og kjøtt av hans kjøtt*» og blir «*mor til alle som lever*» – akkurat på samme måte som Den hellige ånd oppstår fra Gud, <u>er</u> Gud, og er «*Herre og livgiver*»:[44]

> «*I Guds bilde skapte han* ***det****, som mann og kvinne skapte han* ***dem****.*»[45]

Det Gud anser som «perfekt» er, som sagt, ikke noe som er statisk, stillestående eller ensartet. Fullkommenheten har i seg stadig fornyede varianter og utbroderinger av et tema som var perfekt helt fra begynnelsen av.

Dette står i sterk kontrast til fullkommenhets-begrepet som vår vestlige verden har arvet fra grekerne, og ukritisk tatt innover seg. De anså all materie som ufullkommen per definisjon.[46] Gresk «fullkommenhet» var statisk, ensartet og uoppnåelig. Alle ble vurdert og bedømt ut i fra hvor tett de klarte å komme opp til en ideell stereotype. Og de som ikke maktet det, var:

«Tapere! Tapere!»[47]

I Guds verden, derimot, finnes det ikke bare én fullkommenhet, men mange, – akkurat som Han selv er uendelig og uten begrensning. Hebraisk fullkommenhet har ikke behov for å *streve* for å bli bedre. Skaperverket var korrekt og komplett allerede i utgangspunktet. Gresk «ideal fullkommenhet» fungerer *kun* som gyldig målestokk når det anvendes på Gud selv, for bare Gud er absolutt best i alle sine egenskaper. Alt annet har en fullkommenhet i forhold til sitt formål. Å bruke absolutt fullkommenhet på dette, er feil.

La oss bruke tall som analogi: Hebraisk «fullkommenhet» er som tallet syv: tallet kan skrives som stort eller lite tegn, det kan skrives mange ganger, eller det kan stå alene, man kan dessuten velge ulike blekk, farger og forskjellige skrivesystemer. Ingen av syvtallene trenger å se like ut utseendemessig, men alle tallene betyr fortsatt «syv». Som i fraktale ligninger, kan Guds verden stadig frembringe nye varianter,[48] alle er unike, og hver eneste en like god og gyldig som den forrige. Hvert tilfelle eier en fullkommenhet, i kraft av å være en del av en total harmoni.

«Gud ... skapte alt vakkert – hver ting til sin tid.»[49]

Altså: Den skapelsen som Bibelen forteller om, var aldri planlagt til å bli et storstilt fossil-monument som minne om Guds kreativitet. Den var hverken statisk eller stillestående. Bibelens fullkommenhets begrep innebærer den stadige forandring og forvandling *fra* herlighet, og *til* herlighet.

På fjelltoppen

Hele poenget med å være fullkommen, er å forbli det!

Alle veier fra tinden på et fjell fører nedover.

«Fjellet» (det fullførte skaperverket, billedlig sagt), var laget av «solid godhet» fra topp til bunn. Om du begir deg ned fra en fjelltopp, vil det være mindre fjellgrunn under dine føtter jo lenger ned du kommer,– mindre «godhet», så å si.

Om du er helt på bunnen, finnes det ikke noe mer fjell under føttene dine lenger, – ingen godhet igjen. Da har du kommet så langt bort (fra fullkommenheten) som det går an å komme.

Men når du er halvveis ned, er fjellgrunnen under føttene dine fortsatt «godt», bare at det er mindre «godhet» enn før. Men du har vandret vekk fra «fullstendig godhet», du har kommet bort fra fullkommenheten.

Om vi så kaller *avstanden* fra fullkommenhet «ond», og kaller fjellgrunnen under deg «god», er du nå på et sted som er «godt-og-ondt».

Så det Guds befaling gikk ut på, var: «Forbli på fjelltoppen, og forlat den aldri!»; «Behold fullkommenheten!»; «Ikke gå deg vill, slik at du havner i mellomgrunnen der godt-og-ondt er.»

Men, å forlate tinden skulle komme til å bli noe langt mer drastisk enn å bare ta en morgentur til dalen og så hjem igjen. Syndefallet innebar at man faktisk sprengte vekk hele toppen!

Det vi nå har, er fortsatt godt, men det er mindre av det, og det er ikke mulig å dra opp og tilbake til en tinde som ikke finnes mer.

Vi vant ingen ting ved å bevege oss bort fra Guds fullkomne tilstand, for det var startstedet for alt det nye og gode som skulle bli. Universet var ladet med potensial og spennende, gode muligheter som vi skulle få nyte, undersøke og utvikle. Vi forkastet fullkommenheten, og alt gikk tapt.

Her ligger nøkkelen til hvordan det onde ble til, og hva det er: Det onde er en forringelse av fullkommenheten.[50]

Når en livsviktig del av skaperverket blir tatt bort, oppstår det onde i tomrommet.[51] *Fra da av sitter vi fastlåst i en virkelighet som er «godt-og-ondt».*[52].

«av treet til kunnskap om **godt-og-ondt**
må du ikke spise»

Valg i en fullkommen verden

«Kunnskapens tre» er et forvrengt fantasifoster. Det er også «epletreet»!

Gransk Bibelen fra perm til perm, og

- *du finner* ***ikke noe*** *«kunnskapens tre».*

Gransk Bibelen fra perm til perm, og

- *du finner* ***ikke noe*** *epletre.*
- *Vi har lest noe inn i skapelseberetningen som overhodet ikke finnes der.*

Frukttreet er et ladet uttrykk i Bibelen: Det er kilden eller opphavsstedet til noe.[53]

«Du må gjerne spise av alle trærne i hagen.» Dette innebærer en fysisk evne til å velge mellom ulike trær; det avspeiler evnen til å finne ut om ulike sider av livet, undersøke og bli kjent med dem.[54]

Hagetrærne illustrerer hvordan fullkommenheten ikke bare var en verden fylt med matsorter, men også innebar uendelig mange muligheter, opplevelser og dermed kunnskap (!!). Alt var til for at vi skulle kunne nyte det. Det sier seg selv av det bare går an å «fritt ete» dersom man har en fri vilje, dvs. en autonom evne til å foreta valg, og dette kommer også frem ved at Adam ga navn til dyrene.[55] Men valgmulighetene var alle sammen gode, (bortsett fra den ene av dem,) og vi hadde en åpen invitasjon til å velge hva vi ville, i hvilken som helst rekkefølge vi ønsket.

Billedlig sagt: Menneskeheten kunne ha spist bare bananer for resten av livet, eller tatt en smakebit av hver eneste frukt i tur og orden: alle valg var gode, og ingen utelukket det andre.[56] Utenfor hagen lå også et lignende hav av muligheter, for Eden var bare startstedet. Foran oss lå velsignelsen: *«Vær fruktbare, og bli mange, fyll jorden, og legg den under dere!»*

Det finnes ingen vonde ting å velge

- i en god verden,
- skapt av en god Gud,
- og befolket av gode mennesker.

– Med mindre man velger å ødelegge en livsviktig del av verden først! Og om du velger det, hva vil så skje?

Svaret finner vi i skapelsen av kvinnen. Uten Eva hadde vi en tilværelse som var en blanding av «godt-og-ikke-godt». Men nå snakker vi ikke lenger om noe ufullført, men om «ikke-godt», valgt med vilje. En overlagt og frivillig ødeleggelse av den opprinnelige fullkommenheten: «ikke-godt», skapt med vilje. Så nå er det snakk om et moralsk valg.

«Ikke-godt, valgt med vilje» = «Ondskap».

Resultatet? – ***Godt-og-ondt!***

Så hva var det Gud ville forby oss å gjøre?

– Å ødelegge fullkommenheten!

Å forby treet var *ikke* en tilfeldig valgt prøve, et planløst forbud, eller en smålig måte for Gud å hevde eller sikre sin guddom på! Som om *noe som helst* vi er i stand til å prestere *noen gang* eller på *noen måte,* skulle kunne true skaperen av et univers så enormt! Forbudet var: «Ødelegg ikke fullkommenheten!»

Våre kreative gaver skulle ikke brukes på måter som ville svekke den totale godheten i Guds verden. Å ta av den forbudne frukten, ville rasere noe livsviktig. *Derfor* ble Adam fortalt:

«av treet til kunnskap om ***godt og ondt*** *må du ikke spise. For den dagen du spiser av det, døende skal du dø.»*[57] («du vil begynne å visne og ende opp død»)

Hvis du river ut en essensiell del av den totale godheten, vil du frembringe en *sammensatt tilstand*. Universet vil da ende opp som et sammensurium av «***godt-og-ondt***». Ta et nydelig veggteppe, og skjær et hull i det. Teppet er fremdeles flott, men det gapende hullet er skjemmende. Det blir en blanding av skjønnhet og tomhet. Fjern atmosfæren fra planeten, og alt liv som puster blir kastet ut i fordervelse. Luften livet er avhengig av, er borte. Dyrene og plantene er fortsatt «gode», men tomrommet kveler dem alle. Fraværet av luft er «ondt».

Lag en klokke av det reneste gull. Tar du så vekk det viktigste tannhjulet, går hele klokken i stykker. Det som er igjen, er fortsatt det reneste gull, (selv om det er litt mindre nå,) men gapet har ødelagt hele maskineriet og har konsekvenser for hele klokken. Tapet er «ondt», og uret er nå en blanding av «gull-og-ondt».

Det onde er hullet som blir igjen.

Ikke epler, – godt-og-ondt!

Glem epler; glem den toskete insinuasjonen om at den forbudne frukt var sex![58] Glem det løgnaktige navnet «kunnskapens tre».[59] Det eksisterte aldri. Navnet forvrenger hele budskapet, og dersom treet hadde fantes, ville vi fått full adgang. Kunnskap i seg selv får konsekvent god omtale i Det gamle testamentet. Dette oppdiktede navnet er like fjernt fra det egentlige begrepet som hummer er fra kanari.

Det var:

«treet til kunnskap om godt og ondt»

Dette fikk et helt bestemt navn som betyr nøyaktig det fortelleren mente med det, **og intet annet**! Og det ga en helt bestemt **type** kunnskap.

Fra epletrær får du epler:
– etter at du har spist frukten, vet du hvordan epler smaker.

Fra appelsintrær får du appelsiner:
– etter at du har spist frukten, vet du hvordan appelsiner smaker.

Fra kunnskapstrær får du kunnskap:
– etter at du har spist frukten, har du fått en smak av kunnskap, og du har lært noe.

Fra *godt-og-ondt-treet* får du *godt-og-ondt-frukt*: – etter at du har spist frukten, vet du hvordan *godt-og-ondt* smaker.

Du får en førstehåndserfaring av ondskap.

Fra da av, og for alltid, vet du hva ondskap er, og hvordan det *smaker*.

Og det som er like viktig: når du spiser frukt, havner det inni deg! Som jeg snart skal forklare: Du er blitt det du eter:[60] Du er blitt en blanding av godt-og-ondt!

Når du først har ødelagt fullkommenheten, vet du i praksis hvordan det onde føles. Du lider, opplever sykdom, sadisme og elendighet. I motsetning til middelalderens folketradisjon viser ordlaget i Bibelen at:

Det forbudte treet var opphavsstedet der man innhentet, smakte og opplevde giftblandingen av godt-og-ondt.

Hensikten med å forby treet var å spare oss fra å noensinne smake den bitre frukten; å forhindre oss fra å ødelegge universets fungerende balanse. For da ville vi pådra oss ødeleggelsens uvegerlige konsekvenser.

* * *

Men treet til kunnskap om godt-og-ondt var et *godt* tre! Det var en del av den «veldig gode» verdenen som Gud så på den sjette skapelsesdagen. Men, dette treet representerte valget om å *ikke* gjøre noe: å velge å *ikke* la det onde få oppstå.[61] – Og et valg som innebærer *å ikke skape det onde,* er selvsagt da et godt valg!

Hvorfor ellers skulle et slikt tre være til? Og hvordan ellers kunne det være «godt»? Og var det, bokstavelig talt, et tre, eller var det bare et symbol på noe?

Gud er kjærlighet, så skapninger i Guds bilde måtte også være kjærlighet. Vi ble derfor skapt som kjærlighet, – og kjærlighet er ikke bare «godt», det er «mer enn godt».

Men den som er i stand til å elske, kan også velge å *ikke* elske. Denne muligheten kan ikke forhindres, bare advares mot. Så, vi hadde makten til ikke å elske, og treet var et speil på denne evnen. Treet summerte opp vår evne til å forbli kjærlighet, eller til å velge den bort.[62] Derfor hørte treet til i midten av hagen, den var ikke trygt plassert på Sydpolen der det ikke kunne gjøre oss skade. Det var ikke mulig å skille oss ad fra noe vi allerede var, fra et potensial som lå i våre egne hjerter.

Hvorvidt treet bokstavelig talt fantes, eller om fortellingen er symbolsk, er for meg uvesentlig. Mine lesere må gjøre opp sine egne meninger. Det som er sikkert, er at virkningene ble konkrete nok! Så treet var dessverre, i en eller annen forstand, virkelig!

Menneskeheten kjente «godt» allerede, – helt fra begynnelsen. Vi var omgitt av det i alle retninger. Godhet var noe vi så, erfarte og kjente hver eneste dag. Men det fantes ingenting «ondt» der! Så vi kjente ikke til det, for det går ikke an å kjenne det onde, med mindre det eksisterer.[63]

Men det kan Gud! Han kjenner alle mulige tilstander som kan oppstå, inkludert hvordan det onde ville ha vært, om det ble til. Gud kjenner derfor godt-og-ondt fordi Han kjenner det onde *i teorien,*[64] uten at han derfor trenger å først skape det. Siden Gud utmerket godt visste hvordan en ond verden ville sett ut, valgte Han hverken å skape noe sånt, eller å være ond selv. For Gud å ønske ondskap, ville være i total strid med Hans natur.

Men menneskers kjennskap til det onde, er på helt andre premisser. For at vi skal kunne forstå ondskapen, må den først bli til virkelighet. Så Gud selv har aldri noensinne ønsket å bringe det onde inn i våre liv,[65] selv ikke i sine villeste fantasier. Ingen foreldre ønsker vel å gi sine barn mareritt!

Nettopp derfor beholdt Gud sin kunnskap om godt-og ondt for seg selv.

Å frembringe det onde

Vandalisme!

- Det ligger ikke i menneskers makt å forringe eller ødelegge Gud!
- Så lenge de var gode, ville heller ikke menneskene ønske å forringe eller ødelegge et fullkomment skaperverk.
- Og så lenge de var gode, ville ikke menneskene ønske å forringe eller ødelegge sin egen natur.
- Men ødeleggelsen ville ligge i vår makt, dersom ...
  ... selve valget *og* selv-ødeleggelsen var én og samme handling.

Gud er kjærlighet, og vi ble skapt likedan, som kjærlighet, fordi vi var i Hans bilde. Men å elske Gud er å holde Hans bud.[66] Å *ikke* adlyde Hans bud, er derfor også et valg om å *ikke* elske Gud. Ergo: Det å *ta* frukten utslettet kjærligheten i oss, på grunn av *hele prosessen*: Vi tok et valg, vi strakte ut hånden, vi smakte og vi spiste. Valget og selv-ødeleggelsen var den ene og samme handlingen.

Kjærlighet er en respons, et valg og en overgivelse, – ikke en flyktig, sentimental følelse. Mennesker ble skapt som gjennomført kjærlighet. Å forkaste kjærligheten var som å gjøre vold mot vår egen natur. Nå var vi ikke 100% kjærlighet lenger: «Fullkommenhetens fjelltopp» var sprengt bort, og vi var blitt til noe mindre enn vi hadde vært.

Egenskapen til å foreta valg basert på 100% kjærlighet var nå for alltid utenfor vår rekkevidde. Fra nå ville en del av oss være kjærlighetsløs, – det tomme rommet, som ble tilbake etter tapet av kjærligheten, ble erstattet med egoisme. Den gangen vi *var* kjærlighet, foretok vi våre valg med utgangspunkt i en av våre nestes beste. Nå, når de andre ikke lenger var drivkraften, hadde vi kun oss selv, vårt ego, å styre etter. Vår ødelagte natur ble til vår ressurs, i stedet for det fullstendige mennesket vi en gang hadde vært. Heretter gjorde vi ting for egen vinnings skyld (ofte fordekt bak en maske), selv om det kom til å skade andre.[67] Egoisme, i form av aktiv utøvelse på omgivelsene, er ondskap.

Så da vi valgte dette treet, stengte vi oss selv ute fra den fullkomne kjærlighetens verden. Alle muligheter i Edens hage gikk tapt i dragsuget: Vi ble kastet ut.

Mye i oss forble godt, men da vårt unike samspill med Gud ble ødelagt, begynte egoismen å spre sin gift. Forråtnelsen gjennomsyret alle andre sider av vår natur og miljøet rundt oss, – selv om også mye fortsatte å være godt. Denne forandringen endret også vår bevissthet:

Våre *«øyne ble åpnet»*,[68] – åpnet for ondskapsfulle handlinger og muligheter som aldri ville falt oss inn tidligere. Vi skjønte hvordan våre talenter og evner kunne brukes til grusomheter og overgrep!

Menneskene kunne absolutt *«kjenne godt-og-ondt»*[69] slik Gud gjør, men overhodet ikke på samme premisser! Vi vandaliserte Guds håndverk og gjorde ondskapen til virkelighet. Vi hadde kjent og smakt av godhet helt fra dag én. Men fra syndefallet av har vi smakt av det ondes konsekvenser i tillegg, lidd under det, og blitt godt kjent med det ondes bitre frukter!

Skaperen og Gud!

Gud *kan* derfor være skaperen til alt uten å ha skapt det onde! For, som Augustin har påpekt, ble ikke det onde «skapt» i ordets normale betydning.[70]

Hver gang man lager noe, lager man samtidig en mulighet for at det kan ødelegges. Det onde er det negative potensialet som oppstår straks noe positivt blir til. Det onde er bare «skapt» av Gud i negativ forstand: som en *latent* mulighet for å bringe det til veie, og ikke i betydningen av at Han skapte ondskap som en realitet. Og Gud forbød oss ettertrykkelig å gjøre ondskapen til realitet. Da er det ikke Guds skyld at ondskapen er til![71]

Men, dersom vi ødela absolutt alt, ville ingenting være igjen. Ingenting som var godt, og heller ingenting som var ondt. For ting må først eksistere, før de kan ha gode eller onde egenskaper. Så det onde er en parasitt som er avhengig av å ha noe godt å mates med. Dersom alt det gode forsvant, ville det onde ikke ha noe igjen å leve av: ingenting å korrumpere; ingenting å pervertere; ingenting å såre; ingen fjell å sprenge i stykker. (Kort sagt, det ville ikke ha fantes noen spillerom til å mane frem alle de ufordragelige ting som gjør det onde til «ondt».) Man sitter bare igjen med det absolutte intet.

Ondskapen er derfor *relativ*. Siden det onde kun er en forstyrrelse av det gode, kan det derfor bare eksistere i samhørighet med godheten.

Men godheten, derimot, har ingen behov for det onde for å kunne eksistere. Godhet blir til simpelthen fordi Gud selv har fremkalt den. Det Gud lager, avspeiler Guds egen godhet.

Godhet er derfor en absolutt faktor, – en kvalitet ved Gud selv:

«Gud er lys, det finnes ikke mørke i ham.»[72]

Herrens hensikt var kjærlighet[73]

Lykkens mangfoldiggjøring[74]

Vårt univers var ment å bli styrt av kjærligheten.[75]

Dette krever at noen er i stand til å elske, derfor ble du og jeg virvlet opp av støvet for å gjøre jobben.[76] Men kjærlighet er en autonom prosess: den er selvvalgt; den kommer innenifra den som elsker, og tildeles frivillig, ikke ved tvang. Så, der kjærligheten er, der er også fri vilje. Derfor er kjærligheten på ingen måte en innskrenkning av Guds suverenitet, men tvert imot dets uttrykk! Gud har tatt et valg, og bestemt å være kjærlighet. [77]

Kjærlighet av denne støpning er ikke av den hverdagslige sorten.[78] Dette er den type kjærlighet som Gud selv er, og som Han skapte oss til å være. På *koiné* (den greske språkvarianten som blir brukt i Det nye testamentet[79] – i motsetning til klassisk gresk) brukes ordet '*agape*'. På moderne gresk er det siden blitt til det ordinære ordet for kjærlighet, men i Det nye testamentet refererer kjærlighet til noen bestemte kvaliteter: grenseløs; forpliktet; trofast; med sitt opphav i den som elsker; det eneste gyldige motiv for våre handlinger.

«Kjærligheten er tålmodig, kjærligheten er velvillig, den misunner ikke, skryter ikke, er ikke hovmodig. Kjærligheten krenker ikke, søker ikke sitt eget, er ikke oppfarende og gjemmer ikke på det onde. Den gleder seg ikke over urett, men har sin glede i sannheten. Kjærligheten utholder alt, tror alt, håper alt, tåler alt. Kjærligheten tar aldri slutt.»[80]

Men fordi kjærligheten er noe som gis frivillig, opptrer den sammen med muligheten til å **ikke** elske. Hvis det skjer, vil det onde oppstå i vakuumet!

Gud skapte menneskeheten for at vi skulle leve i fellesskap med Ham. Vi har lest at Han vandret i hagen i den svale kveldsbrisen og ropte på Adam. Å kjenne Gud er himmel på jord, og den ypperste form for velbehag og lykksalighet:

«Dette er det evige liv:[81] *at de kjenner*[82] *deg, den eneste sanne Gud.»*

For å kunne forstå og bli kjent med noen, må man først ha noe til felles. Kjærlighet er derfor nøkkelen til å kjenne Gud, for det stiller deg inn på samme bølgelengde. For Han *er* kjærlighet, og uten den er ikke sant fellesskap mulig.[83] Foruten kjærlighet ville ikke himmelen engang ha vært himmelsk! Vi ble ikke skapt som kjærlighet for Guds skyld. Han gjorde det, fremfor alt, for OSS: Han *ga* oss SEG SELV![84]

For å si det enkelt: Gud skapte oss som kjærlighet for å kunne gi oss himmelen!

*«Menneskehetens hovedhensikt er å herliggjøre Gud, og **nyte** Ham til evig tid!»*[85]

Westminster Catechism

Tilstanden

Thus was I lerid that love was our Lords mening.
And I saw full sekirly, in this and in all,
that ere God made us, He lovid us,
which love was never slakid, no, never shall.

– Julian of Norwich

Slik fikk jeg lære at kjærlighet var vår Herres hensikt.
Og jeg så med full sikkerhet, i dette og i alt,
at før Gud skapte oss, elsket Han oss,
og den kjærligheten har aldri dabbet av, nei, den aldri skal.

Det rotet vi nå står oppi

Vi kan ha sluttet å elske Gud. Men det betyr ikke at Gud sluttet å elske oss! Imidlertid fastsetter det rammene for hvordan Han må gå frem for å beseire det onde. Hvis vi skal kunne forstå hva Han blir nødt til å gjøre, må vi først få et overblikk over de problemene som nå har oppstått.

1. Vi vil **aldri** makte å reparere tapt kjærlighet på egen hånd. Det ligger utenfor vår rekkevidde, som ble innskrenket etter syndefallet. Vi tapte noe, og ble forminskede og forringede vesener. Agape-kjærlighetens dimensjon var ikke bygget inn i vår natur lenger. Så om Gud skal ordne opp i saken, må Han gjøre det selv.

2. Siden Gud alene er kilden til agape-kjærligheten, ligger makten til å gjenopprette den kun hos Ham. Men å tvinge noen til å elske, er en selvmotsigelse. Agape-kjærlighet kommer kun frivillig. Gud kan derfor ikke bare presse det inn i oss igjen. Det ville ha krenket kjærlighetens integritet og frie vilje, og da ville den ikke ha vært ekte lenger. Om vi selv ikke tillater kjærligheten å bli gjenopprettet i oss, blir resultatet kun en falsk fasade.

Selv om mye ved oss fortsatt er godt, skjedde det en forandring i vårt aller innerste: Helbredelsen må derfor skje i kjernen av våre hjerter.

3. Vårt forhold til verden rundt oss er kommet «ut av ledd». Vi er ikke lenger harmoniske bidragsytere til naturens økologi. Vi gjør masse som er skadelig, (ofte uten å mene det,)[86] og er ute av takt med miljøet, i stedet for å være i balanse med det. Og på samme måte er miljøet heller ikke konsekvent i takt med oss. Det onde i oss er blitt et fremmedlegeme i naturens øye.

En hjertelidelse

Gud så ut over menneskeheten og fant at

> *«... alt de ville og planla i sitt **hjerte**,*
> *var ondt, dagen lang.»*[87]

Våre falne hjerter får innvirking på hvordan alt annet i oss fungerer. Sanser, talenter, ønsker – ja, alt vil da utfolde seg i utakt med Guds opprinnelige hensikt. Alt vi gjør, blir heretter et uløselig sammensurium av godt-og-ondt. Med nissen med på lasset, vil selv våre beste forsøk ha noen negative sider eller konsekvenser ved seg, og våre verste handlinger vil alltid inneholde utilsiktede positive bivirkninger.[88]

Mennesker har fortsatt en rekke valgmuligheter: Vi kan forbli så gode som vi klarer, eller vi kan synke enda lavere og velge en større grad av fordervelse (slik som det skjedde i Noahs dager). Så det finnes «bedre» og «verre» alternativer, også i en fallen verden. Det finnes moralsk gode valg, og det finnes moralsk onde gjerninger å la seg friste av. Men *ren* godhet ligger for alltid utenfor rekkevidden.

Altså: Syndefallet endrer menneskenes psyke, persepsjon, interaksjon, barneoppdragelse, omgang med og behandling av dyr og natur, – listen tar aldri slutt! Men fremfor alt endrer det vårt forhold til Gud og persepsjonen av Ham. Intet menneske drives lenger av den fullstendig overgitte godheten som en gang ga oss unik samhørighet med Ham. Og vi kan ikke klandre Ham for det (– selv og vi stadig gjør det!),[89] for det er vi som selv har satt oss i denne situasjonen.

Ordet 'synd' kan på hebraisk bety 'bomme på målet'. Nå bommer vi på målet alle sammen, og selv våre beste pilskudd siktes for lavt til å kunne nå opp til Guds herlighets målskive.[90]

I og med at Gud er for ren og hellig til å godta synd, er vårt forhold med Ham brutt, *«for hva har rettferd med urett å gjøre, og hva har lyset til felles med mørket?»*[91] Vi har blitt hjelpeløse offere for vår egen forminskede natur, og uten agape-kjærligheten vil vi aldri noensinne holde mål. Å «gjøre ditt beste» kan aldri forsone deg med Gud, for uten kjærlighet er vårt beste ikke godt nok!

Det er ikke derved sagt at tapet av agape-kjærligheten betyr at vi står igjen uten evne til å elske i noen som slags form, men vi er helt ute av stand til å elske på den måten Gud gjør det. Så, andre kjærlighetsformer består, og er i og for seg gode, som: det å elske seg selv; det å ta vare på seg selv; mannens kjærlighet til kvinnen; kvinnens kjærlighet til mannen; morskjærlighet; farskjærlighet; kjærlighet overfor dyrene; kjærlighet overfor naturen.

Alle disse måtene å elske på, er riktige i seg selv, og de finnes fortsatt. Men agape-kjærligheten var det koordinerende sentrum som smidde disse kjærlighetsformer sammen til én utelukkende postitiv kraft. Og nå er den borte. Nå kan disse kjærlighetsvariantene – empati – vennskap – romantisk kjærlighet, lett forvrenges til usunne parodier.[92]

Mennesker er bare i stand til å føre videre til sine barn det de allerede selv er.[93] Vi reproduserer derfor bare nye forringede og ego-drevne mennesker. Videre har det seg dessverre slik at barna til vårt «første foreldrepar» fikk en verre start på livet enn sine foreldre. De da egoistiske og svekkede foreldrene kunne jo ikke gi dem den optimale oppdragelsen som de selv hadde fått av Gud. Svekkelsen av mennesket er dermed mer sannsynlig å tilta, enn å forsvinne.

Dette ser håpløst pessimistisk ut, men det finnes allikevel et stort MEN:

> *«Men Gud er rik på barmhjertighet. Fordi Han elsket oss med så stor en kjærlighet, gjorde Han oss levende med Kristus, vi som var døde på grunn av våre misgjerninger (av nåde er dere frelst).»*[94]

Personlig ondskap

Vi har nå sluppet det onde løs på verden. Det raser videre og fortsetter å ramponere skaperverkets opprinnelig økologi.[95] Dersom vi forstår hvordan det onde fungerer, blir det straks lettere å også forstå hvorfor Gud griper ting an slik Han gjør. Så la oss nå fundere litt på hva ondskapen er.

Det er mulig at ondskapens realitet er større enn vi makter å sette ord på. Vi kan derfor, i stedet for å lage en definisjon, heller beskrive hvordan det oppleves. Det er akkurat slik Paulus gjør, når han skriver om kjærligheten. Han definerer den ikke, han beskriver den.[96] Så vi kan heller forsøke å beskrive noen av ondskapens aspekter.

Ondskap er en prosess som vender seg vekk fra Guds kjærlige plan.

Ondskapen oppstår gjennom et personlig valg om å handle på tvers av Guds ønsker. Derfor er det onde noe *personlig*: det bunner i en selv-villet tilstand; en mangel eller et tap; en bevisst, selv-valgt funksjonsfeil. Ondskapen er derfor en *aktivitet* (i tillegg til å være en *tilstand*) som helt og holdent *ikke* er det Gud hadde som opprinnelig mening. Det onde er en tilstand hos universet som Gud valgte å *ikke* skape.[97]

Det onde er meningsløst.

Du kan ikke finne noe mer «mening» i det onde enn du kan finne solen i kloakken. Guds skaperhandling var positiv, hensiktsmessig og meningsfylt: Det var lykkens mangfoldiggjøring. Fordi det onde, med viten og vilje,[98] vender seg vekk og står utenfor den kjærlige planen til Gud, velger det også bort mening og foretrekker det meningsløse.

Det onde kan også være personlig når mennesker er den direkte årsaken for det.

Visse ugjerninger blir gjort med hensikt. De bunner i egoismen, og de blir utført, selv om utøverne så inderlig godt vet hvilke skader handlingene kan forårsake – det kan til og med være at deres nidingsdåder utføres nettopp på grunn av skadevirkningene. Eksempler på dette er terrorisme og hevnhandlinger. Videre er noen usle handlinger utført av ren «rovdyrlyst»: De svake blir plukket ut som mål nettopp fordi ikke kan ta igjen.[99] Dette kan så føre til at disse ofrene tar ut sin «fortvilelse» ved å gyve løs på en eller annen uskyldig som er enda mer forsvarsløs.

Personlig ondskap kan bli identitet:

Det er alltid lettere å komme seg ned fra et fjell enn å klatre opp – enkelte bedrar seg selv ved å ta til seg vrangforestillingen om at det onde er det eneste meningsfulle. De tror at dette er veien til «lykke og berømmelse» (mens det er i realiteten er det onde som *stopper* dem fra å leve det livet de drømmer om, og som *hindrer* dem i sann selvrealisering!). Om det så er bevisst eller gjennom selvbedrag:[100] Hvis du overgir deg til det onde, så velger du selv å plassere deg utenfor Guds kjærlighet og goder – og der kommer du til å forbli!

Om vi faller så dypt, at vi begynner å anse våre mest ufordragelige trekk og største laster som det vi er mest stolte av, da lar vi misgjerningene definere oss, og vi begynner å innbille oss at udådene er meningen med våre liv.[101] Da blir ondskapen vår glede: Løgneren forakter de godtroende som går i fellen; svindleren er stolt over evnen til å bedra andre og nyter maktfølesen av å melke ofrene; spotteren – som den parasitten han er – propper opp selvrespekten ved å vanære andre; de voldelige får adrenalinrus av å tilføre smerte; sex-overgriperen spiller sine favorittkort og planter giftløgnen: «*Du ønsket egentlig at jeg skulle gjøre det*».

Til slutt, når en person ikke lenger lar seg overtale, og fortsatt ønsker å holde frem med det onde, kan Gud overlate ham/henne til sitt valg.[102] Vedkommende har *«forherdet sitt hjerte»* og vil ikke la seg mykne, Gud blir derfor med på «leken».

Et eksempel på dette er når Jesus gir to håndsrekninger til forræderen Judas. Først vasker Jesus hans føtter. I seg selv er denne handlingen sjokkerende, for det var bare den ringeste tjeneren som skulle ta seg av fotvask. Så går Jesus enda lenger og dypper sitt brød i gryten og rekker stykket til ham. Å dele brød var en invitasjon til å bli nære venner. Og Judas tar imot brødet, men forkaster allikevel vennskapet ved å holde fast på sitt forræderi. Terningen er kastet, så Jesus sier bare: *«Gjør det snart, det du skal gjøre.»*[103]

Men:

1) Det onde er ikke en absolutt, det er en parasitt.

Det kan ikke overleve uten en viss grad av godhet å fungere i.

2) Gud har fortsatt kontrollen.

Gud har fortsatt kontroll på flere måter:

1. Når det onde først er blitt realisert, virker Herren i dets parametere helt til Han får det tilintetgjort for alltid.

2. Han er all tings skaper, og bare i den forstand at Han skapte potensialet, kan Gud lastes for å ha «skapt» det onde. Han virkeliggjorde ikke ondskapen, Han forbød den.

3. Det onde utgår *ikke* fra en like mektig og fiendtlig guddom som Gud er. Herren alene er opphavet til alt som er positivt, og derved opphavet til fravær av det positive. *«Jeg former lys og skaper mørke, jeg stifter fred og skaper ulykke. Jeg, Herren, gjør alt dette.»*[104] Mørket er fravær av lys; det onde er fravær av det gode.

Konklusjonen blir altså, at der det onde finnes, der finnes også alltid en annen side. Det oppstår en dualisme. Personlig ondskap er er ikke en «illusjon», det er ondt på ekte, og det forkvakler godheten. Men på samme måte kan Gud forkvakle ondskapens funksjoner og bruke det som middel for å oppnå noe godt. Så selv om ondskapens skyts er ment å ramme Gud, kan Herren gjøre dem om til sine egne, nyttige redskap!

4. På samme måten som kapteinen
ikke endrer på sitt reisemål
mens han kjemper med styreåren på båten sin under stormen,
vender heller ikke Den allmektige seg fra sitt siktemål,
selv om ikke hver eneste sving og vridning av båten
er en del av den opprinnelige planen.[105]

5. Som en sjakkspiller overlister motparten,
overlister Herren det onde, ved å dra nytten
av nettopp de handlingene
som er beregnet for å gjøre Ham skade.

De som kan reglene i sjakkspill, vil forstå: En stormester har ikke bare en vinnerstrategi, men utnytter også motpartens mest truende trekk ved å gjøre dem om til den andres snublesteiner:

«Jordens konger reiser seg, fyrstene slår seg sammen mot Herren og mot hans salvede.

[...] for å oppnå
– det som du ved din hånd og din vilje hadde bestemt skulle skje!»

Sal 2,2[106]

Motstanden mot Gud er reell, og ondskapen er ikke bare en fasade. Guds fiender utøver onde handlinger, men dersom *«denne verdens fyrster»* hadde innsett hva de faktisk kom til å oppnå, *så «ville de aldri ha korsfestet Herlighetens Herre».*[107] For ved å bruke selve de handlingene som var ment å skade Ham aller mest, klarte Gud å oppnå sitt beste. Han nektet å bøye av for det ondes gjerninger, og knuste det i stykker.

* * *

6. *På samme måte har våre lidelser to aspekter*. På den ene siden står ondskapens vilje bak elendigheten som rammer oss. På den andre siden er Guds overstyring, som kan vende det onde til gagn.

Skaden det onde påfører deg, har ingen trøst å tilby, – når man tar et valg med opphav i det formålssløse, så kan man heller ikke finne noen gyldig årsak til lidelsen. Det er ingen «høyere mening» å finne ved ondskapen, det er ingenting å forstå! Det onde, som får oss til å lide, er i sitt vesen pervertert og sadistisk og det inneholder ingen mening – bortsett den skadefryden som ligger i å se oss lide. Veen som rammer oss, har ingen hensikt annet enn å gjøre oss vondt.

Men fra Guds side derimot, finnes det alltid en plan bak alt, som er god, selv om det store bildet befinner seg utenfor vår fatteevne. Mange som lider hevder å ha lidd under Herrens hender, men hvis dette stemmer, som i tilfellet med Job, så var det til syvende og sist for at det skulle komme noe godt ut av prøvelsen, for *«dem som er blitt oppøvd ved den.»*[108]

Upersonlig ondskap

Det onde kan være upersonlig

– dette er en side ved det ondes dualitet.

Naturen er det miljøet som Gud skapte, – ikke utelukkende for oss, men for alt levende på kloden. Ofte er naturen en velsignelse for oss, men av og til er den til skade. Men i seg selv er den upersonlig og nøytral. Allikevel er det er ekstremt farlig å være på feil plass til feil tid i naturen.

Da vi fortsatt hadde en åpen kommunikasjon med Gud, ville slike skader aldri kunne skje. Vi ville vært utstyrt med forhåndsklokskap, og vi ville kunne ha gledet oss over å oppleve guddommelige fyrverkerier og storartede naturfenomener, som i vår falne verden koster oss mange menneskeliv. Men disse fenomenene er, i og for seg, kun bivirkninger av et komplekst maskineri som ikke har holdt opp å fungere som det skal, bare fordi vi har holdt opp å fungere slik vi skulle.

Om Han skulle ha forhindret alle såkalte «naturkatastrofer», ville Gud ha måttet omstrukturere hele universet. For alle disse lokale hendelsene skjer i en sammenheng som er langt større enn kun selve jordkloden. Hvem vet hvilke eldgamle sivilisasjoner og avanserte kulturer på andre perfekte planeter som måtte ha blitt utslettet om Han tilpasset virkeligheten til våre ondartede valg? Og vi har heller ikke hele oversikten over de mange lokale nødløsninger som Han faktisk har gjort i stand for å bremse forfallet, og for å hindre at ting blir enda verre enn de er.

Det onde er en vilkårlig negativ konsekvens av en handling, og påfører meningsløst lidelser.

Det ondes skyts rammer tilfeldig, utilsiktet og vilkårlig. Lidelsene fordeles ujevnt og urettferdigt, spesielt der Satan og hans allierte får sjansen til å blande seg inn. Noen mennesker synes å slippe skadefritt fra det, mens andre får mer elendighet enn de fortjener. Så selv om mange av våre sorger er selvpåførte, er mange også ikke det.

På den andre siden kan vi ofte påføre skade uten å mene det. Tanker, handlinger og gjerninger kan få uante konsekvenser kun fordi vår forståelse er ufullstendig. Det var kanskje ingens hensikt å ramme noen, allikevel får ødeleggelsene følger som skader andre på måfå. Og skadeverket fungerer ofte kumulativt. Den ene faktoren virker inn på den neste, og det utløses et skred av lidelser. I økonomiske systemer kan vi for eksempel bli vitne til at enorme personlige lidelser kan bli utløst av kun små endringer, – endringer som var resultat av en løsning på et gitt problem innenfor en begrenset horisont.[109] Så individuelle handlinger kan bli til upersonlige krefter, som – på linje med alt annet vi gjør – frembringer sammensuriet av godt-og-ondt.[110]

Til slutt kommer vi til det ondes mest avskyelige aspekt:

Det ondes hovedoffer er de uskyldige.

Elendighetens høst rammer aller mest de som ikke sådde den!

- Dyr plages av grusomme eiere;
- Slaver stønner under grufulle slavedrivere;
- Gode samfunnsborgere lider fordi kriminelle gjør overgrep;
- Landsmenn knuses av korrupte styresmakter;
- Arbeidere blir urettferdig behandlet hos likegyldige arbeidsgivere;
- Fredelige skolebarn mobbes av sadistiske bøller;

- Barn visner under hevngjerrige eller uinteresserte foreldre;
- De ufødte rives i stykker ved abortlegens inngrep;

«Å ja; det svir til de skyldfri, sa'e fanden,
moer hans gav ham hug,
for faer hans var fuld!»[111]

-Henrik Ibsen-

Satan & Co.
– hva med dem?

Hvis det kan være liv på andre planeter,
da kan det vel være liv på andre eksistensielle plan også?

Om vår materielle verden ikke er den eneste dimensjonen, og dersom andre vesener enn oss kan ha intelligens, da er det mulig at også andre vesener kan være skapt i Guds bilde.[112]

Vi får et hint om en slik mulighet i den noe mystiske omtalen av «gudesønnene» som stiller seg frem for Herren, nevnt i Jobs Bok.[113] Disse «gudesønner» blir også omtalt som vitner til skapelsen, for Gud spør Job:

«Hvor var du da jeg grunnla jorden?
Fortell det, hvis du vet det!
[...] mens alle morgenstjerner jublet
og alle ***gudesønner*** *ropte av fryd?»*[114]

Satan – «han som står imot», stiller seg i gledesflokken, selv om det er uklart om han er en av disse «sønner» eller ikke, og det er usikkert hva hans rolle er.

Vi finner så i fortellingen at Satan benekter at det finnes noe slikt som ekte kjærlighet til Gud, og vi oppdager at han kan opptre som en skaper av ulykke, som utnytter menneskelige plyndrere, naturkatastrofer og sykdom, ved å gjøre dem til redskap for sine mål.

Menneskehetens fall gir oss mulig innsyn i djevelens opphav: Om vi kan falle ved å forkaste vår medfødte kjærlighet, da kan Fanden også det. Derfor trenger vi ikke å ha en forklaring på hvor fienden kommer fra. Satan ble en djevel på samme måte som vi ble syndige, falne vesener. Han ble det imidlertid på et tidligere tidspunkt.

Kan *det* være sannsynlig da? Ville skapninger som frydet seg med å få lov til å se at Gud skapte universet, skapninger med den slags direkte kontakt med Herren, som vi leser om i Job, ville *de* kunne falle, eller bli lurt til å fornekte sin skaper? Det er allikevel ikke så utenkelig:

Skaperakten skjer i tiden, og over tid. Før hjernen er skapt og øynene blitt til, vil et intelligent vesen ikke ha utrustningen til å se eller begripe det som skjer. Selv englene er derfor ikke i stand til å være vitne til sin egen tilblivelse, før de våkner, midt inne i prosessen. Og når Gud så forteller dem: «Jeg skapte deg», så må englene ta Hans ord for det.

Så det er tenkelig, at en engel som kommer til bevissthet, og som finner seg selv i form av et komplett vesen, kan nekte å innfinne seg med at det var Gud som skapte den. Alt engelen så, var at Gud fullførte noe. Til og med engler må ta imot *troen* på at Gud er deres skaper.

Ergo er det logisk mulig, (selv om det er helt urimelig,) for en skapning å betvile at Gud skapte den. Den kan hevde at den ble til gjennom pre-eksisterende krefter, og at Gud ikke var årsaken. «Gud har bare sluttført og raffinert en handling som allerede var i gang uten innblanding fra Hans side».

Dersom Joseph Smith Junior kan hevde noe slikt,[115] og Phillip Pullman[116] kan bygge det inn i sin fortelling, da kan også falne engler det: spesielt når det tjener deres interesser. Om mennesker er i stand til å hevde noe så hovmodig og arrogant og benekte sin Gud og skaper, da kan såvisst Satan det også!

En parallell finnes i skapelsesberetningen der *«Gud sa: 'Det blir lys', – og det var lys!»*. Men hvordan kan man bevise ettertrykkelig at det var Guds befaling som frembrakte lyset? Kunne det ikke vært et sammentreff? Selve forbindelsen er usynlig, det kan bare tas ad notam, ikke bevises. Som forfatteren av Brevet til hebreerne sier:

«så det som sees
***ikke** blev til av det synlige.»*[117]

Kort sagt, skapelsens *begivenhet* kan observeres, men ikke den personlige innsatsen som *årsaker* den. Om noen vil hevde at Guds befaling og universets eksistens tilfeldigvis skjedde samtidig og ikke var tilknyttet hverandre, da går det an – om man strekker fantasien til det ytterste. Det er mulig å påstå at det var flaks og intet mer.

Men Satan vil få et problem til: Siden alle absolutter og verdier stammer fra Gud, vil selve absoluttenes eksistens belegge at Han så visst er opphavet til alle ting. På grunn av dette vil en djevel sette seg opp mot alle verdier og absolutter og prøve å erstatte dem med forfalskninger, (hva som helst duger, så lenge det ikke er fra Gud).[118] En djevel vil derfor strebe etter å bytte ut absolutt sannhet med «relativ sannhet» og prakke på oss det selvmotsigende utsagnet «det finnes ingen absolutter».[119]

* * *

Barn minner oss om sine foreldre. Menneskeheten er derfor en konstant påminnelse om Guds realitet – siden vi er i Hans bilde. Vi er, overfor djevelen, plagsomme bevis på Guds autoritet, vi er en synlig markering av Hans skaperkraft og eksistensen av Hans absolutte standarder.

En Satan «*rørt opp av avind og hevn*» vil ikke kunne fordra trynet på oss! En djevel vil lengte etter å ødelegge oss, og fordreie og forvrenge oss til sitt eget bilde. Hvert falne menneske vil være som en gjentakelse av Satans eget mytteri. I takt med at antallet falne øker, får Satan stadig større bekreftelse på hvor riktig hans eget opprør var, det blir som en slags bisarr gjengmentalitet: Dess flere, dess mer riktig er det. Derfor blir vårt syndefall ledd i en større og mer kosmisk krig mellom godt og ondt.

Den klassiske forklaringen på Satan er at han en gang var en fremtredende engel, men valgte å gjøre opprør mot Den allmektige. For dette ble han kastet ut av himmelen.

«den gangen hans stolthet

fikk ham kastet ut av himmelen, med hele skaren

av opprørs engler, som skulle hans ambisjoner hjelpe til: Å sette seg selv i herlighet

reist høyt over sine kompanjonger

Han regnet med å kunne tevle med Den aller høyeste

– Om han turde sette seg imot –.

(«Paradise Lost»). Videre leser vi:

«Høyere enn de andre stod han

i form og handling som et stolt tårn fremtredende

Hans form hadde ikke ennå tapt

dets opprinnelig skjønnhet, og han så ut fortsatt som

en ødelagt erkeengel, med sin herlighet fordekket

Som når den nylig oppståtte solen

horisontalt gjennom tåken stråler,

fraklippet styrken, eller fra bak månen

I dimmet eklipse truende skumring kaster

over halve verdens folk» (John Milton, «Paradise Lost»)[120]

Det springende punktet her er at Satan er innskrenket i sitt vesen, men han har fortsatt mange av sine gode kvaliteter og egenskaper i behold. Om vi tolker Miltons beskrivelse i forhold til den modellen for syndefallet som jeg har risset opp, vil det ikke være det han har *beholdt*, men det han har *tapt* som gjør ham til «Styggen».

Stiene som fører til en erkeengels fall vil se annerledes ut enn dem som fører til menneskehetens falitt. Men prinsippet vil være det samme: Å forkaste din skaper betyr at du samtidig forkaster din kjærlighet til Ham og dermed blir til noe annet enn du opprinnelig var.

En engel som forkaster skaperen, blir til en fallen engel, selv om omvendelse fortsatt er mulig. Men en fallen engel som overgir seg til sin fordervede natur, blir til en djevel.

Så: Skapte Gud djevelen?

Ja,– men ikke *som* en djevel!

Avskåret fra livet

Døden i seg selv er ikke ond, den er nøytral.[121] Døden er helt enkelt en nødvendig konsekvens av at skapte ting eksisterer i tiden, og alt i tiden har en begynnelse og slutt.

I tidens dimensjon er det aller meste tidsbundet og flyktig[122] – eller i beste fall en uopphørlig repetisjon.[123] Men det er ikke selve lengden på et liv som er det viktigste. Det finnes skapninger som har en svært kort livssyklus – døgnfluen, for eksempel.[124] Men døgnfluens eksistens inngår i en økologisk helhet, og er fullstendig meningsfull, sett i sammenheng med sitt miljø. Det at noe varer kun en begrenset stund, gjør det ikke meningsløst: en sang kan jo for eksempel gi tilhørerne en stor opplevelse, selv om den bare varer et par minutter.

Menneskene før syndefallet var garantert klar over dette, de hadde observert naturens livssykluser på nært hold. Det ville ha vært nytteløst å advare dem med at:[125] *«på den dag du eter av det, skal du visselig dø.»* – med mindre vi allerede hadde en anelse om hva døden var. I skapelsesberetningen virker det som om vi forsto hva denne sanksjonen gikk ut på.

Allikevel var menneskene skapt for evig liv: De hadde fri adgang til livets tre (kilden til evigvarende eksistens). Vi lærer lite om dette treet annet enn at det er inkludert blant de gode trær vi hadde fri adgang til. Fruktene til livets tre kunne tydeligvis ikke sammenlignes med den normale frukten. Dette er et hint om at mennesker ikke var ment til å dø, men derimot til bli stadig fornyet. Men de ville hele tiden være avhengige av å innta noe som kom *utenfra.*[126]

Bare Gud har liv i seg selv, og alt liv springer ut fra Ham. Alt som er avskåret fra Gud, er derfor adskilt fra livet. Drevet ut av hagen, og uten adgang til livets tre, blir kilden som opprettholder livskraften, borte fra oss, og *«døende, dør vi.»*[127]

Et åndevesen drevet i eksil fra livet, vil på samme måte som oss, trenge næring for å opprettholde sitt liv. En måte å skaffe det på kunne være å bli en parasitt eller suge ut livskraften til andre vesener. Kanskje vi har en fiende som ser nettopp *oss* som det saftige kjøttstykket han hungrer etter?

Så, *«Vær edru og våk! Deres motstander, djevelen, går omkring som en brølende løve for å finne noen å sluke.»*[128]

Medisinen

«And in this love
He hath don all his werks,
and in this love
He hath made all things profitable to us.
And in this love
our life is everlestand.
In our making we had beginning.
But the love wherin He made us
was in Him from withoute begynning,
in which love we have our beginning.»[129]

«Og i denne kjærligheten
har Han gjort alle sine verk,
og i denne kjærlighet
har Han gjort alle ting gagnlige for oss.
Og i denne kjærlighet
er våre liv evigvarende.
I vår skapelse fikk vi vår begynnelse,
Men kjærligheten hvori Han skapte oss
var i Ham fra foruten begynnelse,
– kjærligheten som vi har vår begynnelse i.»

Om opphavet til alle ting er personlig, vil nøkkelen til å kunne forstå universet ligge i logikken bak personlige forhold.[130] Vi må derfor ta i betraktning Gud som person.

Han er det eneste eksisterende vesenet som i sannhet også er selv-determinerende, for Gud har ingen restriksjoner eller begrensninger, foruten seg selv.[131] Han har selv valgt å forplikte seg til å være kjærlighet, grenseløs godhet, og ikke minst – dele alt Han er med oss – ikke fordi Han må det, men fordi Han ønsker det aller beste for oss.[132]

Ekte kjærlighet reiser seg i forsvar som «*en binne frarøvet sine unger*»[133]. Kjærlighetens vrede tennes mot alt og alle som vil skade dem som er elsket, fordi *det onde er kjærlighetens forkastelse*, det ødelegger oss som jo er «*Guds unger*». Derfor er Gud for alltid fienden til alle former for ondskap, og Hans vrede er for for evig tent mot det. Gud *kan* ikke annet enn å hate og ødelegge det onde, for *hatet mot det onde er et uløselig trekk hos reell kjærlighet,* – ellers ville det bare ha vært sentimentalitet og falsk etterligning!

Men vi mennesker har blitt gjennomsyret av godt-og-ondt, er avskyelige å se på, vi skjemmer Hans henders verk, vi er en fornærmelse mot Guds natur. Du og jeg er derfor – på en og samme tid – gjenstand for Guds endeløse kjærlighet, og Hans totale avsky! Hva *kan* Han gjøre?

Hva *kan* Han gjøre?

Om Den allmektige har makt til å stanse det onde, men allikevel unnlater å gjøre det, så vil det, praktisk talt, være ensbetydende med at Han skaper det onde, via en stedfortreder for seg selv! Derfor kommer det ikke på tale for Gud å tolerere det som er galt. Hadde Han tolerert dette, hadde det vært det samme som at Han samtykket i og bøyde seg for ondskapens eksistens, og ved dette ville Gud ha blitt medskyldig i alle de lidelsene og smertene som uvegerlig måtte følge.[134]

Denne innsikten etterlater Gud med alternative mottrekk.[135] Han må enten:

1. *ødelegge det onde og begynne på nytt.*
   Eller:
2. *holde ut med det onde midlertidig, og:*

- *holde det stramt i bånd*
- *regulere det, i form av lover og regler*
- *legge til rette for at skadene blir ordnet, men sette en frist for hvor lang tid dette skal ta.*

Nå skal vi se hvordan Gud, i følge Bibelen, gjorde det, og at han faktisk nettopp gikk for valg nr. 2.

Ødelegge det onde og begynne på nytt

Starte på nytt?

Det første alternativet har et problem ved seg: Å avskaffe det onde er ensbetydende med å avskaffe oss, da vi er dets kilde. Godt-og-ondt preger oss hele veien gjennom, som de bokstavene som er rullet inn et stykke gammeldags sukkertøy.

«*Evig varer Hans miskunn*» står det i Bibelen.[136] Gud har aldri holdt opp med å elske oss, selv om det onde og det gode i oss ikke kan adskilles.[137] Den eneste grunnen til at Han skal måtte se seg nødt til å avskaffe oss og begynne på nytt, er hvis Gud konkluderer med at en redningsaksjon ikke lenger vil være mulig: Når en reform ikke lenger vil finne noe fotfeste, fordi våre hjerter og tanker har overgitt seg til «*ondt, dagen lang*»[138].

Gud er fullstendig i stand til å utslette menneskeheten når som helst, men i følge Første Mosebok har Han bare grepet inn én gang, da Han ikke så at det var noen håp om forbedring. Han ga på forhånd et klart varsel om dette, han ga menneskene en frist, men til slutt måtte Han tilintetgjøre alt levende med en gedigen oversvømmelse.[139] Deretter startet Gud på nytt, med den eneste personen som *faktisk* hadde et potensiale i seg for å bli reddet (i praksis: en som var villig til å tro på Ham).

Selv om Gud kan bli kvitt oss når som helst, gjør Han sitt ytterste for å unngå det. Hans intoleranse overfor det onde har nemlig en motvekt: Hans nåde, den ufortjente miskunnhet. Vi lærer at Noah «fant nåde» i Guds øyne. Det er ikke dermed sagt at Noah var en god mann (– langt i fra, det ser vi utover i fortellingen –) men han var beredt til å tro på Gud og handle på det Gud fortalte ham. Derfor bygget Noah en ark.

I følge Første Mosebok lever vi alle i dag fordi Gud viste miskunn mot Noah, (og hans kone også, det må vi ikke glemme)[140]. Vi er alle Noahs etterkommere, og på denne måten er vi **alle**:

«nådens barn».

Legge bånd på det onde

Til tidenes ende er Gud fast bestemt på å aldri igjen utslette alt liv på kloden med en flom, og Han trakk tilbake sin forbannelse over jorden.[141] Nåden beseiret utslettelsen, det onde var nå innskrenket – men ikke fjernet, så heretter gjaldt det å legge bånd på det.

Å kontrollere det onde er til syvende og sist et pragmatisk mottrekk som utføres på flere plan: ved selv-opprettelse, skulte hindringer og normer.

For det første er skapelsen, til en viss grad, designet for å kunne reparere seg selv. Ulike faktorer arbeider i samspill for å holde det hele i god stand. Vi har for eksempel et autoimmunt forsvarssystem som beskytter oss fra sykdom. Vi har også smerte, som fungerer som en tidlig varsellampe, og som hjelper alle jordens levende skapninger å unngå destruktive situasjoner. På grunn av dette kan ikke smerte kalles «ondt», selv om den er ubehagelig.[142] Om den ikke var det, ville den ikke fungert.

For det andre, så antydes det at vi til en viss grad beskyttes mot det onde av noen usynlige, skjulte kontrollmekanismer. Vi kan lese: *«Min Ånd skal ikke dømme blant menneskene til evig tid.»*[143] Dette antyder at Gud har en pågående virksomhet i våre hjerter. I en enda senere tekst leser vi: «*Lovløsheten virker allerede med sin kraft, men i hemmelighet. For han som ennå holder igjen, må først bli ryddet av veien. Da skal den lovløse åpenbare seg.*»[144] Underforstått: Det er noe i det skjulte som holder ondskapen tilbake, og som kan forandre utfallet av ugjerninger til noe annet enn det de onde kreftene planla. Men en dag vil det som hindrer det onde bli fjernet, og da vil: «alt helvete slippes løs».[145]

For det tredje, menneskers tendens til å leve, handle og arbeide kollektivt og i samfunn skaper et behov for felles normer, – som for eksempel det med å ankomme et møte i avtalt tid. Normene får ting til å fungere på et visst minimumsnivå. Regjeringer og styresmakter er derfor skapt til å være Guds tjenere: dvs. agenter med en rolle og visse oppdrag å utføre. I den grad de holder seg til sin oppdragsgivers formål, begrenser de ondskapens virkning.[146]

Lage regler mot det onde

Guds tresidige strategi

- *Visdom*
- *Guds lov*
- *Samvittighet*

Om du byr frem en tallerken med velsmakende makk, så er det store sjanser for at du vil lykkes med å friste en fugl. Om du derimot vil friste mennesker med makk, kan du nok få problemer.

> *«Nå fikk kvinnen se at treet var godt å spise av*
> *og en lyst for øyet*
> *– et forlokkende tre, siden det kunne gi innsikt.*
> *Så tok hun av frukten og spiste.»*[147]

I følge skapelsesberetningen finnes det en rekke positive begjær innbygget i vår natur, inkludert vitebegjæret. Eva kan bare bli fristet av noe hun allerede ønsker seg, som mat, skjønnhet og visdom. Så da slangen diskuterer med henne, utnytter den kvinnens fornuft, hennes forkjærlighet for det skjønne og hennes higen etter å bli vis – i tillegg til ønsket om å glede sin ektemann.

Selv om skriftene viser hvordan våre evner ble brukt som våpen mot oss, er det ikke derved sagt at disse evnene er negative, eller at de har gått tapt.[148] Så Gud tar fortsatt i bruk våre evner – som også er vår felles grunn med Ham – for å begrense ondskapen, selv om vår kommunikasjon med Ham er blitt forstyrret av syndefallet.

• Visdom

Gud kan virke ved å appellere til vårt ønske om å oppnå visdom. Og selv om visdom benytter seg av både fornuft og kunnskap, så er den noe mye mer enn bare rasjonelle evner. Visdom er «kunnskap anvendt riktig». Med andre ord handler det ikke så mye om *hva* du faktisk vet, men om du er i stand til å *anvende* kunnskapen på en positiv og nyttig måte.

Enkle og ordinære mennesker kan iblant utstråle visdom, mens høyt utdannede akademikere av og til oppfører seg som totale idioter. Visdommen er ikke et monopol for de få eller boklærde, og den finnes i hvert samfunn og i alle samfunnslag.

I Bibelen er visdommen fremstilt som et gratis måltid som alle kan få spise, den er en gave fra Gud. Den eneste prisen du må betale, er å ha nok selvinnsikt til å innrømme at du trenger visdom:

*«(Visdom) sier til den som er **uten forstand**:*

*Du **uerfarne**, vend deg hit!»*[149]

Vel anvendt visdom forhindrer det onde og fremmer fredelige samspill. Den har universell tiltrekning og er ikke forbeholdt en spesiell religion eller filosofi. Alle kan få bruke den.

• Guds Lov

Fornuften er også noe Gud benytter seg av.

Gud anbefaler oss leveregler som er til det gode for menneskene. Og vi trenger lover og regler for å begrense det onde. Vi har, for eksempel Moseloven (Torahen) i Mosebøkene.[150] Et fornuftig menneske vil lett skjønne at det å følge loven er av den høyeste selvinteresse. *«Å elske din neste som deg selv»*[151] – selve summen av loven – vil komme deg selv like mye til gode, som alle de andre.

Men i det samfunnet som Torahen regulerer gjennom påbud, skjer det mange dårlige ting, og forbrytelser forekommer ofte. Ektemenn blir sjalu på sine koner, folk slår hverandre, de får hudsykdommer, og de stjeler. Ved hjelp av loven finner man løsninger, – men dette betyr allikevel ikke at dersom alle holdt Moseloven, så ville det skape en verden slik Gud ønsker seg. For eksempel kan vi lese at loven beskriver regler for skilsmisse, selv om vi jo har lært at Gud hater skilsmisse.[152]

Kort sagt, loven er et pragmatisk svar på måten folk er i virkeligheten, ikke en beskrivelse av hvordan ideale mennesker bør oppføre seg. Men dersom loven ble adlydt, ville det utvilsomt bringe oss nærmere idealet, frembringe en viss form for sunt samhold og forvandle samfunnet[153] – du ville aldri mer ha måttet låse ytterdøren etter deg! Loven er ikke et fullkomment redskap, men kan virke som en tvangstrøye på det onde og begrense dets ødeleggelse og lidelse.

Våre motiver for å følge loven hviler på flere søyler. Blant disse finner vi sanksjoner og straff, sosialt press og internaliserte verdier. Sanksjoner og samfunnspress vil styre oss fra utsiden med sine normer og regler for oppførsel. Våre internaliserte verdier vil påvirke oss via våre vaner, prioriteringer og vår samvittighet.

• Samvittighet

Alle skapninger med evnen til å velge, har også en innvendig debatt om hva den skal velge. Kunnskapen om godt-og-ondt har endret debattforumet fra å diskutere «hvilke av disse like gode muligheter skal jeg velge?» («Mango eller banan?») til:

- *«Vil denne avgjørelsen frembringe gode eller dårlige resultater?»*

- *«Bør jeg velge resultater som ikke er gunstige nå, men som kan bli gode en gang i fremtiden?»* Eller: *«som kan være uheldige for meg, men godt for et annet menneske?»* – (og mange andre lignende problemstillinger.[154]

Vi blir nødt til å ta stilling til en rekke etiske valg. Bevisst dårlige valg vil normalt etterlate oss, i beste fall, ukomfortable, og i verste fall, sterkt plagede. Vi kaller denne indre dommeren vår for «samvittigheten», [155] og det er en av måtene Gud holder kontakt med oss på.

Hverken visdom (her menes den visdom som mangler Guds lys) eller fornuft kan garantere for gode utfall, da begge disse to komponenter kan være fordervede. Samvittigheten, derimot, er et møtested mellom fornuft og følelser, og har makt til å fungere som et korrektiv der de andre to feiler.

Samvittigheten er ikke ufeilbar heller, og kan hvile på misoppfatninger.[156] Men, på andre siden, mennesker som mangler samvittighet, (eller som har svidd den av ved å ignorere den,) kan også mangle den indre selvbeherskelsen, som er nødvendig for å stoppe selvdestruktive handlinger. Ofte kan de ende opp sosialt isolerte, miserable og utestengte. Så selv om samvittigheten så visst utøver sin makt subjektivt, så må vi ikke bedra oss selv til å tenke at den er mindre virkelig eller gyldig for det.

* * *

Væpnet med visdommens, lovens og samvittighetens trefoldige arsenal, har hvert individ et godt fundament for å foreta valg som fremmer det gode, og som unngår det onde.

Før syndefallet var vi velfungerende agenter for Guds godhet. Vi var en av kanalene som Han virket gjennom og virkeliggjorde sine velsignelser ved. Fortsatt kan vi, om vi følger Guds veier, utgjøre en avgjørende forskjell for menneskene rundt oss. Og vi kan selv høste godene fra de andres gode gjerninger. I tillegg: Når vi gjør det gode, lever vi også ut en del av vår opprinnelige hensikt og verdighet, – selv om måten vi gjør det på er ufullstendig og svekket.

Allikevel hviler ikke vår stilling hos Gud på vår gode oppførsel (– selv om vårt unike samspill med Ham gjør det –). Uten agape-kjærlighet kommer vi alle til kort uansett. Så vår status må for alltid hvile på dette ene: Vi er «*Nådens barn*».

De løsningene jeg har beskrevet ovenfor er allikevel bare midlertidige kjepper i det ondes hjul, de er på ingen måte noen uoverstigelige hindringer. Den egentlige løsningen må være å reparere skaden, og forandre oss tilbake til slik vi var ment å være. Bare det vil gjøre ende på ondskapen for godt.

Men siden det ondes konsekvenser er så konkrete og virkelige, må de også tas hånd om i form av konkrete og praktiske inngrep. For visdommen, loven og samvittigheten demper ondskapen, men makter ikke å fjerne den totalt.

Gud kan fortsatt ikke utrydde det onde uten å utslette deg og meg – og Han elsker oss!

Hva i all verden kan Han så gjøre?

Reparere skadene

Ondskapen har meget konkrete følger – for oss!
Så Gud tok selv på seg følgene – for å redde oss!

Han utholdte det uutholdelige.[157] Gud tok det «som en mann»! Han ble et menneske, i form av Jesus.[158] Gud gjorde alt som skulle til for å forene den kjærligheten han har til oss, med sitt hat for det onde. Det var ikke at Han, ved å bli menneske, holdt opp å fungere som Gud, men at Han, i Jesus, tok på seg sitt eget selvportrett. Han viste oss sin natur ved å leve på samme vilkår som alle andre mennesker.

Men, fordi Han fremdeles var den kjærligheten som hele menneskeheten *skulle* ha vært (foruten syndefallet), var Jesus uten synd. Og Jesus er Guds fullstendige uttrykk. Han er selve Ordet, i kjøtt og blod, som forklarer innholdet, bokstav for bokstav, i «JEG ER» – det vil si, Guds egen oppsummering av seg selv.

En ekte mann tar ansvaret på sine egne skuldre. Så, i Jesu skikkelse, tok Gud på sine egne skuldre hele ansvaret for å rette på det som var gått galt.[159] Selv om det ikke var Han som var den skyldige, plasserte Gud seg selv mellom oss og syndefallets svøpe. Gud lot hver eneste konkrete følge av det onde – hver sorg, hver lidelse, hvert hjertesår – skje med seg selv, i stedet for oss mennesker, ikke fordi Han ønsket det, men fordi vi trengte Ham til å gjøre det for oss. I Jesus bar Han korset på sin skulder, og satte seg selv mellom oss og fruktene av våre handlinger, – for bare Gud alene er stor nok til å tåle ondskapens ettervirkninger og til å nøytralisere angrepene!

Lidelser og død ble derfor Guds egen skjebne i stedet for min og din. Følgene av vår ondskap ble Hans lodd i stedet for vårt. Da han hang på korset, beskyttet Jesus oss fra vår egen utslettelse. Han høstet den ondskapen som vi hadde sådd, og betalte prisen. Og, fullt ut menneske som han er, kunne Jesus være vår stedfortreder[160] og ta imot konsekvensene for oss alle sammen!

«Sammenfattet i et evig øyeblikk»: Med Jesus på korset ser vi også hva det onde koster Gud personlig. For hver ond handling vrenger Guds hjerte seg, og det oppleves som levende tortur. Han må holde ut med oss og tåle det utålelige i stedet for å utslette oss.[161] Han ser og har den totale empati med alles elendighet, enten de er ulastelige eller skyldige, enten de fortjener sine sorger eller ei. Gud kjenner til lidelsene som følger hensynsløst med overalt der det onde ferdes. Gud lengter etter å gjøre slutt på det. Han motarbeider det aktivt og ustanselig.

Men Han tvinges til å vente litt til, for det kan fortsatt være noen som Han kan berge fra dette titaniske havariet.

Selv om lidelsene på korsets varte kun noen timer, må vi skjønne at *Guds* lidelse var *utenfor* tiden, og enorm og ufattelig i sitt omfang.[162] Derfor var Hans offer så absolutt tilstrekkelig, og det har makt til å betale for skylden, ikke kun for *ett* menneske, men for hele verdens mennesker.[163] «Det er fullbrakt!»[164]

Det onde står i komplett motsats til alt som Gud *er;* Det Gud gjorde i Kristus, var å overta denne motsetningen. Han som ikke kjente av synd, *ble* synd. Men, å ta synden på seg medførte nødvendigvis døden for Guds egenart. Derfor ropte Han, mens mørket omslukte Ham: «*Min Gud, min Gud, hvorfor har du forlatt meg?*»

Men:

Gud er absolutt, i motsetning til det onde.

«lyset skinner i mørket,
og mørket kunne ikke sluke det».[165]

Gud er større og mektigere enn
ondskapens verste våpen.

Så ikke en gang døden kunne beseire Jesus,

– tredje dagen oppsto Han fra de døde!

Sluttspillet

Med ett brutalt og avgjørende trekk har Vår 'stormester' fått overhånd.

Sluttspillet har begynt, og begivenhetene beveger seg videre til den endelige «Sjakkmatt»!

Hva oppnådde Han ved sin handling? Mye av svaret ligger utover vår fatteevne, – for hvem kan lodde dybdene til en som har en IQ «større enn uendeligheten»?[166] Men *noe* kan vi forstå:

For det første: Den fullstendig berettigede vreden som Gud følte etter skjendingen av Hans vidunderlige skapergjerning, som medførte at Hans paradis ble brakt til elendighet, og at Hans barn ble brutale, – hele dette Guds sinne vendte Han tilbake på seg selv. Han tok skylden selv, i stedet for å laste oss. For det er alltid den som tilgir, som betaler prisen.

For det andre: Fordi Gud absolutt *ikke* kommer til å finne seg i det onde til evig tid, tok Gud ondskapen på sine egne skuldre. Han som ikke hadde noe med synden å gjøre, ble til legemliggjort synd, og ondskapen fikk uvegerlig sin straff. Slik betalte Gud fullt ut for vår synd. Rettferdigheten ble imøtekommet og ble synlig fullbyrdet.

På denne måten var Gud rettferdig. Han *kan* ikke og *burde* ikke tolerere det onde, men tilgir det ved å *hverken* ignorere det, *eller* samtykke i det, men ved å betale for det selv. Så, Han gjør det rette når Han dømmer og gjør rett når Han tilgir.

For det tredje: Gud tok, i sin uendelige nåde, ansvar for alle de negative konsekvensene som fallet medførte. Han steg ned i det giftige miljøet til godt-og-ondt, holdt ut med det uutholdelige og lot seg fylle med alt det uakseptable.

Men selv det å bli fylt av det onde kunne ikke forgifte Gud, ei heller gjøre Ham ond. Man kan faktisk si, sett fra vårt ståsted, at Han bare ble enda bedre! – Han ble vår frelser! Det betyr ikke at Gud egentlig forandret seg, men noe som var sant om Ham fra evigheten av, ble nå synlig. Han viste seg som en «gjenløser»[167] – som betyr: «en som kjøper sine slektninger fri fra slaveriet».

For det fjerde: «*For kjærligheten er sterk som døden*». Når Gud slukte den bitre pillen, ble «*døden oppslukt til seier*».[168] Døden kunne ikke binde ham.

Lik en atombombe gjemt i et egg,
som eksploderer sin vei ut.
Livet seiret, Jesus sto opp,
og døden ble smadret til evig tid!

Forsoningsarbeidet

Men dette var bare begynnelsen!

Jesus lever derfor akkurat nå: Dersom Han sto opp fra de døde, da lever Han ennå!

Som gjenoppstått kommer Han inn i våre hjerter for å bli der og videreføre sitt liv gjennom oss. Gud, Den hellige ånd har gjort seg klar til å flytte inn, til å plante sitt liv inne i oss og gjenopprette den agape-kjærligheten som gikk tapt i syndefallet.

Virkningen er så radikal at det kan bare beskrives som en total fornyelse: Vi blir nye skapninger, for ingenting kan bli det samme igjen, når Gud først har kommet inn til selve kjernen av oss. Guds tilstrekkelighet fyller tomrommet fra syndefallet. Ikke bare kan vi elske Gud slik som i begynnelsen, men:

«Guds kjærlighet er utøst i våre hjerter ved Den hellige ånd som han har gitt oss.»[169]

Gud selv forsyner oss med den kjærligheten vi selv skulle vært. Og siden det er Hans liv som har kommet inn i oss, gjør det oss til Hans barn, født ifra oven.[170] Akkurat slik som tapet av agape-kjærligheten gjennomsyret alt ved oss, (– selv om resten fortsatt var godt,) så gjennomsyrer agape-kjærligheten som er kommet på plass igjen, hele oss (– tross fordervelsen som oppsto i oss).[171]

Vi er ikke lenger «godt-og-ondt» men «godt-og-bedre» for Hans oppstandelses liv preger livene våre, – i den grad vi holder oss nær Gud og «forblir i Ham»[172]. Adskilte fra Ham er vi akkurat det vi var før: hjelpeløse syndere![173] Men *når Kristus bor i hjertene våre, blir ondskap tilintetgjort, og vi blir «fullkomne» igjen.*

«Nei, den som er i Kristus, er en ny skapning. Det gamle er borte, se, det nye er blitt til!»

Aorist passiv konjunktiv

Derfor må også du, kjære leser, bestemme om Gud skal få lov til å fikse deg, eller ikke!

Da Jesus hadde sin samtale med Nikodemus og talte med ham om å «bli født på ny», brukte Jesus en bestemt tid av verbet: «aorist passiv konjunktiv».

- Aorist betyr at handlingen skjer *der og da,* ikke gradvis over tid.
- Passiv betyr at noe *blir gjort* med deg, du gjør det ikke selv.
- Konjunktiv betyr at det skjer på *vilkår*.[174]

Når du kommer i kontakt med Guds sannhet kjenner du det igjen *der og da*.[175] Gjenkjennelsen fremkaller tro i deg, akkurat på samme måten som at en magnet fremkaller magnetismen i jernet – som ikke var magnetisk fra før. Så troen har sitt opphav i Gud, ikke deg. Det *blir gjort med deg*.[176]

Ta imot! Det er *vilkåret:* Kanskje føles det som noe *du* gjør, og i en viss grad er det nok det, men objektivt sett er det Gud som frembringer troen i deg, uten at du hindrer den. Ikke trekk deg tilbake og forkast troen når den vokser frem inni deg.

Gud er romslig og forstår ditt hjertes mening, så hvilken som helst ektefølt respons holder egentlig. Men om du vil ha noen gode råd: Jesus ønsker å flytte inn i hjertet ditt, så be til Ham. Han kan høre deg![177] Si til Ham at du tror Han virkelig har oppstått fra de døde og lever i dag, og be Ham om å tilgi alle dine gale handlinger og komme inn i hjertet ditt. Etterpå kan du takke Ham fordi Han holder sitt løfte.

«For hvis du med din munn bekjenner at Jesus er Herre, og i ditt hjerte tror at Gud har oppreist Ham fra de døde, da skal du bli frelst.»

Fordi Gud er sjenerøs, er Han innstilt på å gi deg utallige sjanser. Tilbudet står ved lag, men for hvert minutt din respons uteblir, holdes det onde ved liv. Og det finnes en tidsfrist: Ingen vet når tiden løper fra oss.

Avskaffelsen av det onde

«Det var for å gjøre ende på djevelens gjerninger at Guds Sønn åpenbarte seg.»[178]

Avskaffelsen er en prossess som både er komplisert og møysommelig, og som skjer over tid. Men i praksis begynner avskaffelsen av det onde fra øyeblikket Kristus kommer inn i vårt hjerte. Med tiden vil Han fornye våre vaner, tanker, holdninger og forhold til dyr og mennesker. Gamle, destruktive vaner må brytes. Onde lengsler må man lære å vende seg vekk fra. Mye må heles, mye må avlæres, og enda flere ting må læres på nytt. For, som vi så i et tidligere kapittel, Guds gjerninger er dynamiske, de går videre fra herlighet til herlighet.

Gjennom hele den læreprossesen vi nå har blitt en del av, vil våre naturlige talenter og evner bli reparert og komme til sin sanne rett. Det tidevannsskiftet djevelen sto for, blir reversert. Alt det vi *er* kalles tilbake fra destruktivitetens grep, slik at vi kan bli gjenopprettet til vår opprinnelige intensjon.

Men under hele prosessen er Kristus selv vår egentlige ressurs. Derfor er vårt forhold til Ham av aller største betydning. Jesus er som bensinen i en bil: uten bensin vil ikke bilen flytte på seg; uten Jesus kan ingen leve det kristne livet. Som Samson med sitt avkuttede hår,[179] – hvis vi kutter ut Kristus, blir vi samtidig avskåret fra kilden til vår styrke: Vi blir like «*svak som et annet menneske*».

Når Gud har restaurert oss og brakt oss i samsvar med Hans intensjoner, får vi ta del i det fellesskapet vi skulle ha med Ham helt fra begynnelsen av. Vår opprinnelige verdighet og verdi kommer tilbake til oss. Vi har en rolle å leve ut mens Gud jobber videre med beseiringen av det onde: Han henter inn enda flere mennesker, «sjel for sjel», og inviterer dem til samhørighet med sin sønn. Fra nå av kan vi være agenter for Guds kjærlighet i verden rundt oss, for «*som Han er, er vi i denne verden*». Men dette er bare en forsmak på det Gud har i vente for oss. Gå bare videre opp, og lenger inn. Alle er inviterte.

I mellomtiden befinner verden seg på et mellomstadium. Mange har fortsatt ikke møtt Guds sannhet. Mange har forkastet den og i stedet innrettet livene sine på andre måter. På grunn av dette, opererer det onde fortsatt med en ubehagelig sterk aktivitet, og den endelige nedleggelsen pågår fortsatt. De onde kreftene har ingen planer om å «legge ned butikken». De fortsetter å kjempe, med nebb og klør, ved hjelp av fremgangsmåter som aller helst er ufyselige, men iblant også er gode — om de absolutt ser seg nødt til det.

Men Bibelen slutter med dette løftet:

Himmelens rike skal komme til jorden.

Det onde skal tilintetgjøres for alltid!

Å løse det ondes problem:

Oppsummering:

Bibelen gir derfor en grundig og intellektuelt forståelig forklaring på det gamle problemet:

«Hvordan kan Gud være allmektig, god,
og alle tings skaper,
selv om verdenen er opplagt ond?»

Vår påstand er at forklaringen blir risset opp i hovedtrekk i løpet av Bibelens første 800 ord, dette blir så fulgt opp i de etterfølgende delene og fullført i den siste boken! Dette er svaret:

Gud er Kjærlighet.

Han skapte et fullkomment univers med intet ondt i seg.

Det onde oppstår i det tomrommet som blir til
hvis man river et hull i fullkommenheten.
Om du gjør det, så vil resten fortsatt forbli godt,
derfor ender du opp i en tilstand som er sammensatt:
«godt-og-ondt».

Vi mennesker var en del av fullkommenheten,
og vi var skapt som kjærlige vesener,
slik at vi skulle kunne nyte Ham,
– noe som er ensbetydende med Himmelen, for,
uten felleskap med Gud,
er ikke engang Himmelen en himmel.

Kilden til godt-og-ondt ble forbudt oss.
Men muligheten til å velge det likevel,

kunne ikke bli holdt tilbake fra oss,
fordi vi var kjærlighet av natur, slik Gud er,
og kjærligheten er et valg.
Muligheten til å kunne velge
var derfor bygget inn i vår natur.

Vi valgte å ikke elske,
og dette kjærlighetstapet var gapet
som skapte ondskapen.
Vi ble nå godt-og-ondt av natur.

Gud må derfor sette en plugg i hullet om det skal fikses.
Derfor har Han bandasjert oss ved å gi oss
visdommen, loven og samvittigheten,
for å stanse blødningen,
og Gud har latt følgene av det onde
ramme Ham i stedet for oss!

Dette gjorde Han ved å komme som Jesus Kristus
og dø på korset.

Gud helbreder nå gapet ved
å fylle hjertene våre med sin egen kjærlighet
gjennom Den hellige ånd,
som bor i alle sjeler som vil ta imot Ham.

Til slutt kommer Han til å gripe inn
og gjøre ende på det onde for evig tid.

Men egentlig trenger ikke mennesker en forklaring på hvorfor det onde er til. Det *vi* trenger, er **å bli kvitt det!**

Derfor er Guds svar ikke først og fremst en appell til intellektet. Løsningen Han gir oss er pragmatisk, intellektuell og *personlig*: personen

Jesus Kristus

Takk til

Takk, til alle dere som har hjulpet meg på veien: S. Kaldestad som leste korrektur på den opprinnelige og utrolig mangelfulle norsken min til det første utkastet av «Trenger Gud Briller», og Arve Brunvoll (systematisk teolog og daværende rektor på NLA) som leste manuset med åpent sinn. Hans kommentar om norsken var: «høyst sjarmerende språkbruk», og om innholdet: «Du har ikke løst problemet, men plassert mysteriet et sted man vanligvis ikke pleier å tenke på.» Mitt svar: «Det høres riktig ut, for mysteriet ligger da i kjærlighetens vesen, noe som høres ut som et passende sted for ethvert mysterium.»

Takk også til de som har vært villige til å pløye seg gjennom de senere (engelske) versjoner og brukt tid på å sette seg inn i stoffet: Oddbjørn Aasen og Judith Irene Dahl, som også satte meg i gang med å rydde opp i alle trykkleifene og tegnsettingsfeilene. Min takk går også til Joanna Penn, fra theCreativePenn.com, som ved sine online råd og veiledninger har hjulpet meg i riktig retning, og Jens Jakob Jensen, fra Tema Design og filemon.no. Hans hjelp med layout og omslag løftet hele kvaliteten på boken.

Takk til Megan Easley Walsh, min redaktør. Hennes kommentarer og innsikter har vært uvurderlige og hjulpet min bok frem til der den er i dag. Hennes tjenester anbefales! Takk, Katrine Kalleklev, (https://www.katrinekalleklev.no) for din innsiktsfulle, treffsikkre, omfattende og grundig språkvask av den norske versjonen av denne boken.

Sist, men absolutt ikke minst: takk, B.F.J., som først inspirerte meg til å sette pennen til papiret.

* * *

Mine synder er veldig originale: de er mine, alle sammen. Feil, uklare punkter og tvilsom teologi tar jeg på min egen kappe.

Richard Mure Exelby, Bergen, Norge, april 2019

Frontbilde: Spomenik na Sajmištu Pinki at Serbian Wikipedia. Public Domain Sajmište Monument, ved den nazistiske konsentrasjonsleiren på Savabredden like ovenfor Beograd, Serbia, til minne om de ca. 23 000 serbere og jøder som ble utryddet der. Mange av serberne som ikke ble drept der, ble sendt videre til Jasenovac – en leir beryktet for sin brutalitet. Det laveste anslaget over hvor mange som døde der, er 77 000, og det høyeste er på over en million.

tekstbilder: [bilde: Sumerian cuneiform and figures by Fedor Selivanov on shutterstock.jpg] [Image: Nikkitok – 123RF omarbeidet av forfatteren til: Good-and-Evil – with hole-in-heart_filled with Evil.jpg] Warp and Weft http://commons.wikimedia.org/wiki/User:Ryj "Brighton Rock" by lilivanili on Flickr Brighton Rock2729305452_162a1f2254_z (hentydningen til Graham Greene's roman med samme navn er tilsiktet.) checkmate-1653310 by Archies7 via Pixabay

Sitat fra Julian av Norwich, *Revelations of Divine Love, chapter 86* viaUniversity of Rochester, NY Robbins Library digital projects (TEAMS Middle English Texts series), oversatt av meg selv.

Bibelsitatene er hentet fra https://www.bibel.no, med mindre noe annet er spesifisert.

NB & lenker:

Det er mange henvisninger i denne boken. Klikk på sluttnote-tallet, og om du leser boken i e-bok-versjon, vil den ta deg til sluttnoten. For å komme tilbake dit du var igjen, klikk på tallet til noten.

Videolenker

1. *You matter*
   https://youtu.be/pNYw2RHowGA
2. *Womankind, -Creation's Crown*
   https://youtu.be/NrcGR3-ffuo
3. *Evil – «How Come?»*
   https://youtu.be/mZD1qi5DycQ
4. *Evil – «Why did God allow it?»*
   https://youtu.be/D5bl2ipCs5U
5. *Evil – «What Next?»*
   https://youtu.be/GquXnDIA3oY
6. *The Atom-bomb and the Egg*
   https://youtu.be/ycIlP445Yus
7. *Evil – defeating it forever*
   https://youtu.be/zn9XDQqG94I

Forfatterside: richard-mure-exelby.com

Om forfatteren

Richard Mure Exelby er født i Canada, vokst opp i England, av orknøyisk, skotsk, engelsk, irsk, indisk og walisisk avstamning, og er nå bosatt i Norge som norsk statsborger.

Han vokste opp i Hove, Sussex, på Englands sydkyst, men mormorens familie var fra Orknøyene, så han ble interessert i vikingene allerede som barn. Det at han senere studerte skandinaviske studier og lærte norsk ved University of East Anglia, kommer da ikke som noen overraskelse.

Da han var seks år gammel, ble han ateist og forkastet religion kontant, frem til noe radikalt skjedde med ham: I følge ham selv fikk han et møte med Gud, og fant at Jesus faktisk sto opp fra de døde. Utfallet ble at Exelby fikk et kall om å bli telt-maker misjonær, og derfor bosatte han seg i Norge, hvor hans karriere fulgte hovedsporene til de fleste innvandrere: Han begynte å gjøre manuelt, ufaglært arbeid, gikk så videre med å bygge på sin utdanning, for å kvalifisere seg til annet arbeid. Tilslutt ble han adjunkt og begynte å undervise i det norske skolesystemet. Senere tok han kristendom hovedfag og ble lektor.

Fra den dagen han steg i land ved Bradbenken i Bergen, har han sett på seg selv som en utsending for Herren, sendt ut for å bistå det folket han ble satt til å tjene. Siden da har han jobbet med dette for øye. Han virket i sangkor og Ten Sing-miljøet i lengre tid. Videre har han oversatt omtrent 100 sanger fra norsk til engelsk, inkludert en hel musikal. En del av oversettelsene finnes på YouTube.

I 1999 ble hans oppmerksomhet rettet mot Serbia, og han har brydd seg om Serbias ve og vel siden. Derfor holder han på å lære serbisk – og gjør stadig fremsteg – i sneglefart!

Kort bibliografi og webressurs-liste

Trykte kilder

Lewis, C.S. 1956. *The Last Battle*. Bodley Head

Encyclopaedia Britannica. 2009. *Encyclopaedia Britannica*. Ultimate Reference Suite. Chicago

Exelby, Richard Mure. 1997. *The Deacons' Assignment in the Light of the New Testament Material*. Bergen

Fausset, A.R. *The First Epistle of Paul the Apostle to the Corinthians*.

Hasegawa, Tsuyoshi. 2005. *Racing the enemy: Stalin, Truman, and the surrender of Japan*. Harvard, s. 240

Ibsen, Henrik, overs. R. Farquharson Sharp. 1956. *Peer Gynt*. London, Dent – Everyman Series

Milton, John. 1674. *Paradise Lost*. London. Book 1

Julian of Norwich. *Revelations of Divine Love*. (div utgivere).

Kierkegaard, Søren. 1844. *Philosophiske Smuler*.

Marx. 1845. *Theses On Feuerbach: Thesis 3*

Michelsen, Leif M. 1972. *Fortolkning til Første Mosebok*. Lutherstiftelsens Forlag; Lunde Forlag. Oslo. ISBN 82 531 0634 8

New American Standard Version (1995)

Jones, Alexander, red. 1966. *Jerusalem Bible*. Darton Longman and Todd,

Pullman, Philip. 2000. *The Amber Spyglass*. Scholastic Uk Ltd

The Westminster Shorter Catechism. 1647

Woodruff, W., T. Bullock, og W. Clayton. *Journal of Discourses*, Volume 6, s. 1–11. A Discourse, by President Joseph Smith (Joseph Smith Jr.) Delivered at the Conference held near the Temple, in Nauvoo, April 6, 1844 Reported by W. Richards

Web-lenker

http://biblicalhebrew.org/hebrew-names-of-god-in-the-bible.aspx

http://biblos.com/genesis/2-17.htm

http://en.wikipedia.org/wiki/Mayfly or http://da.wikipedia.org/wiki/Døgnflue – der vi finner ut at mange av disse lever på voksnestadiet kun noen få timer! Kort sagt de er skapt til flyktighet. Deres 'evig liv' består av selve livssyklesen.

http://en.wikipedia.org/wiki/Names_of_God_in_Judaism#The_Tetragrammaton;

http://en.wikipedia.org/wiki/Quantum_leap

http://library.taylor.edu/dotAsset/afcf88aa-52b7-4dda-8e6b-d5efd2e6b1f6.pdf

http://necrometrics.com/pre1700a.htm#20worst

http://www.archive.org/stream/peergyntdramaticooibseuoft/peergyntdramaticooibseuoft_djvu.txt

http://www.biblegateway.com/

http://www.blueletterbible.org/ lexicon.

http://www.blueletterbible.org/Bible.cfm?b=Gen&c=2&v=7&t=NKJV#conc/17

http://www.blueletterbible.org/Bible.cfm?b=Jhn&c=1&v=17&t=KJV#vrsn/5

http://www.blueletterbible.org/Bible.cfm?b=Jhn&c=3&v=5&t=KJV#vrsn/3

http://www.catholic.org/bible/book.php?id=24

http://www.creeds.net/Westminster/shorter_catechism.html

http://www.jstor.org/discover/10.2307/1515709?uid=3738744&uid=2129&uid=2&uid=70&uid=4&sid=47698820306447

http://www.marxists.org/archive/marx/works/subject/quotes/index.htm

http://www.ntgreek.org/learn_nt_greek/subj-detail-frame.htm

http://www.str.org/site/News2?page=NewsArticle&id=5124

http://www.thelutheran.org/article/article.cfm?article_id=5895&key=34751023

http://www.truthandgrace.com/joesinner.html

https://www.blueletterbible.org/kjv/psa/94/9/t_bibles_572009

Sluttnoter

1 Marx, Theses On Feuerbach: Thesis 3 (1845) «Filosofene har kun tolket verdenen på ulike måter; poenget er å forandre den.» http://www.marxists.org/archive/marx/works/subject/quotes/index.htm

2 Så når Gud en gang blir ferdig, skal samtlige av disse utraderes, Åp 21,4: «*Han skal tørke bort hver tåre fra deres øyne, og døden skal ikke være mer heller ikke sorg eller skrik eller smerte. For det som en gang var, er borte.*»

3 Den klassiske innvendingen, som tilskrives Epikur har blitt oppsummert av filosofen Hume: «*Epikurs gamle spørsmål mangler fortsatt svar. Er Gud villig å forhindre det onde, men kan ikke? Da er han avmektig. Er han i stand til å stoppe den, men ikke villig? Da er han ondsinnet. Er han både i stand og villig? Hvor kommer det onde fra da?*» Dialogues concerning Natural Religion (1779).

Men Epikurs argument hviler på en falsk skjult førantakelse. **Det antar at Gud ikke holder på med å gjøre noe med det onde!** Men han gjør sannelig noe med det onde. Det er bare at vi er midt oppi prosessen, og det onde er derfor foreløpig ikke forvist fra universet.

Og da *har* problemstillingen fått svar. Gud *er* villig å forhindre ondskap, ja, Han gjør det faktisk hver eneste dag. Han *er* i stand, men er tilbakeholden. Han *er* allmektig, men holder undergangen tilbake for å slippe å utradere DEG, så sant det kan unngås. Han *er* i stand, og *har* gjort alt som skal, og Han har betalt en pris for det, som sprenger våre forestillingsevner! Og ondskap eksisterer nå bare fordi han foreløpig holder ut med det så lenge han kan, inntil han har fått redde deg, og inntil det ikke er andre overlevende han kan berge fra denne verdens titaniske skipshavari.

Så *Epikurs gamle innvending* koker ned til dette: «Politiet har ikke ennå svart på nødsropet, derfor kommer de aldri»; «Jeg kan ikke se hvordan Gud forhindrer det onde, derfor vet jeg at han ikke gjør noe; for hadde Gud gjort noe, ville han selvsagt gjort det på den måten jeg mener han burde. Derfor må den eneste mulige forklaringen være at ingenting skjer, og at Gud derfor er avmektig eller ondsinnet. For det er utenkelig at jeg, Epikur, kan ta feil, er nærsynt eller uvitende.»

4 Hvorvidt Første Mosebok egentlig «siterer», «gjør bruk av» eller «bygger på andre kilder», er selvsagt akademisk interessant (det virker nokså opplagt at den gjør det). Men dette må ikke få oss til å overse hva sluttproduktet selv har å si, uavhengig av forgjengernes hensikt, på samme måten som Shakespeare hentet de fleste av sine fortellinger fra andre steder. Det betyr bare at Shakespeare lånte andres stoff for å formidle sitt eget budskap.

5 Eksempler kan finnes på http://www.cs.williams.edu/~lindsey/myths/myths.html

6 Da Prometheus hjalp menneskeheten ved å bringe oss ilden, ble han dømt til evig straff for sin «forbrytelse».

7 «I spect I grow'd.» Topsys forundrede svar i Harriet Beecher Stowes «Onkel Toms Hytte» når hun blir spurt om hun vet hvem som skapte henne. https://www.gutenberg.org/files/203/203-h/203-h.htm

8 Det finnes bare 2 muligheter: **enten** at den opprinnelige kraft som brakte til veie selve eksistensen er ***upersonlig*** (som med kaos: uten retning, uten plan, og all tilsynelatende orden er kun illusorisk) **eller** at grunnkraften er *personlig*. (Universet er derved et produkt av en intelligent, motivert handling. Selv der autonome og selvregulerende krefter blir tatt i bruk, er dette kun for å oppnå skaperens hensikter.)

Dette forklarer selvsagt ikke hvor Gud kommer fra, eller gir svar på 'hvilken urtilstand som er Hans opphav'. Men eksistensen av *selve eksistensen* kan ikke forklares med hjelp av kausalitet (årsak-virkning-tenkning), for det fører kun til en evig rekkefølge med spørsmål bakover. («Hva årsaket den opprinnelige årsaken?»; «Hva da har årsaket årsaken til den opprinnelige årsaken», osv. *ad infinitum*.)

Det finnes selvsagt den «liksomforklaringen» at alt går rundt i evig sirkel uten begynnelse eller slutt, slik en ring gjør. Men dette er bare å slentre unna. Spørsmålet som aldri kan besvares blir da: «Hvor kommer ringen, i sin **helhet**, fra?»

– Hvordan kan Gud skape fra intet da? – Kanskje ved å ta en liten flik av sin egen grenseløse styrke og polarisere det om til 'materie' og 'antimaterie' og derved frembringe den materielle verdenens partikler.

9 All diskusjon av «årsak og virkning» plasserer eksistensen inn i tidens ramme. For en årsak må nødvendigvis forekomme før sin virkning. (Mange takk til Alexandra Hoines, som påpekte dette for meg). Men Gud skapte ikke *i* tiden, sa fortidens teologer, Han skapte alt *sammen med* tiden, m.a.o. **tiden** ble skapt av Gud. Men Gud selv ble ikke «årsaket». Han eksisterer uten for tiden og simpleten ER.

10 i følge nåtidens teorier. Det er mulig at svarte hull spyr ut materialene som de har sugd til seg, i «multiverser» – universer som ligger parallelt med våre. Da ender man med samme diskusjon, som med «ringen i sin helhet». Spørsmålet blir: Hvor kom alle multiversene fra? https://news.nationalgeographic.com/news/2010/04/100409-black-holes-alternate-universe-multiverse-einstein-wormholes/ Om 500 års tid vil denne noten utvilsomt virke naiv.

11 (Det betyr ikke at jeg mener hebraisk bruk av tall er noe mer enn et litterært virkemiddel. Jeg innrømmer ikke tallmystisisme med magiske egenskaper, hemmelige nøkkelkoder og sånt.)

12 Dvs. ikke uttalt som «godt» i seg selv (*per se* Latin: 'intrinsically': with respect to its inherent nature; «this statement is interesting per se» wordnet.princeton.edu/perl/webwn)

Det kan forstås på flere måter: for eksempel at menneskeheten var god, at menneskeheten var moralsk nøytral, eller at mennesker ville bli «godt» eller «ondt» i etterkant av en eksistensiell avgjørelse. Jeg anser den første muligheten som nærmest sannheten, i og med at alt var godt når Gud betraktet den ferdige verdenen. Men de andre mulighetene kan óg være verdt vår oppmerksomhet.

13 (Så vidt meg bekjent, er jeg den eneste som har sagt det.)

[14] Mange oversettelser og kommentatorer har regnet frasen som en avrunding av den første skapelsesberetningen. Men selv om det nok fungerer som en elegant bro fra den første til den andre, har vi rikelig grunn til å hevde at det tilhører fortelling nummer to. Alle andre steder i Bibelen blir det, **uten unntak,** innledningen til det som følger etterpå, og det er, uten unntak, en liste over forfedre, slektninger og avkom, plus noen begivenheter fra deres liv. Uttrykket refererer *aldri* til det som er blitt sagt før, så det finnes ikke grunn til å behandle det annerledes her. Det står 10 ganger i 1. Mosebok, en gang med en liten variasjon «dette er boken om fødslene» (5 v. 1) og en gang i Rut – tolv ganger til sammen. I tillegg er den greske ordlyd som oversetter 5 vers 1 (LXX) det som innleder Det nye testamentet (Matteus 1,1).

Gen 2,4 These *are* the generations ***(birthings)*** of the heavens and of the earth when they were created, in the day that the LORD God made the earth and the heavens,

Gen 5,1 Th*is is the book of* the generations of Adam:

Gen 6,9 These *are* the generations of Noah: Noah was a just man *and* perfect in his generations, *and* Noah walked with God.

Gen 10,1 Now these *are* the generations of the sons of Noah, Shem, Ham, and Japheth: and unto them were sons born after the flood.

Gen 11,10 These *are* the generations of Shem: Shem *was* an hundred years old, and begat Arphaxad two years after the flood:

Gen 11,27 Now these *are* the generations of Terah: Terah begat Abram, Nahor, and Haran; and Haran begat Lot.

Gen 25,12 Now these *are* the generations of Ishmael, Abraham's son, whom Hagar the Egyptian, Sarah's handmaid, bare unto Abraham:

Gen 25,19 And these *are* the generations of Isaac, Abraham's son: Abraham begat Isaac:

Gen 36,1 Now these *are* the generations of Esau, who *is* Edom.

Gen 36,9 And these *are* the generations of Esau the father of the Edomites in mount Seir:

Gen 37,2 These *are* the generations of Jacob. Joseph, *being* seventeen years old, was feeding the flock with his

[15] 'Fødslene/Fremveksten' på hebraisk: תּוֹלְדוֹת toledaw.

[16] Sagt i teologisk terminologi: perikopens 'leseart' (lesesjanger) (perikopen blir da kapittel 2,4 til 4,26). Å ignorere et bibelstykkes sjanger er like uklokt som å se bort fra valutasymbolet når man handler på flyplassen. £20 er ikke det samme som $20 eller €20!

[17] (M.a.o. 1. Mosebok, kapittel 1 er **kronologien**, og 1. Mosebok fra 2,4 er **Slektstavlen**.)

[18] Man kan gjerne spørre: Hvorfor ikke gi oss den integrerte versjonen med det samme? Min antakelse er at integreringsoppgaven igangsetter en prosess inne i oss som får vår forhold til Gud (som en person, det vil si: ikke et dogma) til å vokse. Se neste sluttnote.

[19] Johannes 5,39: «for dere mener at dere har evig liv i dem – men det er de som vitner om meg! Likevel vil dere ikke komme til meg så dere kan ha liv.» (Bibelselskapet, bokmål, 2011)

[20] 1. Mosebok 5,2: «*Som mann og kvinne skapte han dem. Og han velsignet dem og ga* ***dem*** *navnet Adam* אָדָם *den dagen de ble skapt.*»

[21] Slik det ble forklart i en forelesning avholdt av en jødisk rabbi i Akron Ohio, høst 2005, om 1. Mosebok.

[22] Terminologien for prosessen som frembrakte menneskers og dyrs verden er beslektet med uttrykkene som brukes om å lage keramikk. Ordet 'danne' – ruy yatsar – brukes om pottemakeren et annet sted i Bibelen (Jeremia 18,3). Vi vet også gjennom studiet av epigenetikk, at DNA ikke fungerer blindt mekanisk. Ulike gener blir satt i gang eller stengt av underveis, og dette frembringer variasjoner i utfallet. Pudler får krøllete pels, for eksempel. Erfaringer fra temming av rev gjennom selektiv avl, tyder også på at temming av dyr (dvs. ved å velge ut de minst ville og aggressive) har en tendens til å utløse videre forandringer i deres utseende eller pelsfarge. Å finjustere DNA og dytte og dra i leire er ganske lignende handlinger, og man kan selvsagt ikke forvente at folk som levde 2000 f.Kr. skulle få en forklaring i vendinger fra det 21. århundret; – Og det er bare bra at de ikke gjorde det heller, for om 500 års tid vil våre – åååå så opplyste og avanserte – innsikter sikkert virke temmelig naive og overforenklede, de også!

23 Og ikke ble det oppfattet slik heller, den gangen Darwin utga sine ideer. Huxley har mer skyld i *den* kontroversen. (I og med at mine innrømmelser ovenfor utviklingslæren sikkert nå har skaffet meg en hel del opposisjon, vil jeg si: «*Var det fremdeles mennesker jeg ville være til lags, da var jeg ikke Kristi tjener.*» (Gal 1,10).) Poenget er ikke om Gud *kan* skape universet i løpet av 144 timer, – det kan Han selvsagt! Poenget er om 1. Mosebok *egentlig* sier at det er det Han gjorde.

'Dag' på hebraisk kan bety 'en tidsperiode'. I tillegg, selv om vi oppfatter «dagene» i skapelsesberetningen som sammenhengende, så kan det være at dette er noe vi har tatt for gitt, mens de som opprinnelig lyttet til fortellingen kanskje ikke tenkte slik i det hele tatt. Kanskje de forestilte seg store opphold imellom de enkelte dagene? Jeg vil påminne mine lesere om at en skal være uhyre forbeholden når man tolker en tekst som er 4000 år gammel, og vokte seg for å bli overkategorisk.

24 Se opp for fallgruven ved å legge inn for langtrekkende slutninger fra utsagnet om at Gud puster sin ånd inn i mennesket. Nøyaktig det samme sies om dyrene. Etter alt å dømme, betyr det naturlig pust, ikke en åndelig kvalitet. (jf. Esekiel 37,9: De 4 vindene kommer – altså de fysiske vindene, ikke Den hellige ånden, og får de uttørkede bein til å bli levende.)

25 Joh 4,24: «Gud *er* Ånd, og den som tilber *ham*, må tilbe i ånd og sannhet». Gud kalles «Far» fordi det materielle universet er noe *annet* enn Gud, ikke et kontinuum av Hans eksistens, ikke «Hans synlige overflate» (som i panteismen). Fedre reproduserer utenfor seg selv, mens mødre reproduserer fra inne i seg selv, og blir opphavet. Det er ikke for å snakke nedsettende om kvinner, men å kalle Gud «Mor», bygger opp til vrangforståelser, og fremstiller forholdet mellom Gud og Hans skaperverk på en misvisende måte. Guds såkalte «moderegenskaper» (for begge kjønns særtrekk har selvsagt sitt opphav i Gud,) kan ses i Hans uendelige kjærlighet, aldri opphørende omsorg og medynk og fokus på vår velferd. (Disse kvaliteter er selvsagt å finne i begge kjønn, men er mer fremtredende i den ene enn den andre, tradisjonelt sett. jf. Jesaiah 49,15)

26 Og akkurat slik støvet ikke er noen ting i seg selv, er vi betydningsfulle kun på grunn av vårt uttrykk, ikke på grunn av materien vi er laget av. En Ming-vase består av nokså ordinære materier. Det er kunstnerens bidrag som gjør den uvurderlig.

27 Selv om Han *kan* skape hva som helst, vil ikke Gud *ønske* å lage noe av et lavere mål enn Hans egne standarder: – For Gud fristes ikke av det onde, i følge Jakobs brev 1,13, og det onde, siden det ikke er en absolutt, er derved under Guds standarder!

28 Og i så fall, er den ultimate realiteten *personlig*, ikke materiell.

29 1. Joh 4,8. Dersom Gud er kjærlighet, da vil skapninger i Hans bilde også være kjærlighet.

30 Kjærlighetens forutsetning er personlighet. Ikke derved sagt at dyr ikke kan elske, men deres kjærlighet har en annen funksjon.

31 'Sub-creation' er et begrep Tolkien fant på: se http://library.taylor.edu/dotAsset/afcf88aa-52b7-4dda-8e6b-d5efd2e6b1f6.pdf

32 (Visste ikke Gud allerede? Antakeligvis, men som Kierkegaard påpeker i *Philosophiske Smuler,* der han angriper hegelianismen: På en måte kan du ikke vite hva som vil bli valgt før den faktisk blir det. Kvantefysikk skal visst også hevde det samme.)

33 «Gled deg, du ungdom, mens du er ung, vær glad og fornøyd i livets vår! Gå på de veier som hjertet vil, følg det som lokker ditt øye! Men vit at for alt du gjør, vil Gud kreve deg til regnskap.» Forkynneren 11,9 – Bibelselskapet (2011)

34 (Inntrykket miljøbevegelser ofte gir. Ofte synes deres vektlegginger å være anti-menneskelige: at det beste vi kan gjøre, er å bli utryddet og overlate det hele til «naturen» å rydde opp i alt rotet.)

35 (I min mening blir dette antydet.) Han blir plassert (hebraisk גַּן) i et område som heter Eden. Ordet betyr en innhegnet hage, og er tilknyttet et verb som betyr 'forvare'. (Online Bible Hebrew Lexicon http://www.eliyah.com/lexicon.html) og også http://www.blueletterbible.org/lang/lexicon/lexicon.cfm?Strongs=H1588&t=KJV. I den greske oversettelsen «Septuaginta» tydde de til ordet '*paradeison*' – Paradiset. Beskyttede miljøer ved livets oppstart er så dagligdagse i naturen at de praktisk talt er normen. Ett opplagt eksempel er et egg, et annet er morslivet, uterus.

En videre antydning er at adam-ets skapelse ikke skjedde i Edens hage, men at han ble *omplassert* der: «der satte han mennesket han *hadde formet*» (verbet står i perfektum, som beytyr at dannelse allerede var fullført).

36 Miljøet utenfor Edens hage kan ha vært helt annerledes, til og med farlig inntil det ble temmet. I 1. Mosebok 1,28 blir mennesker befalt å «legge jorden under seg», jf. Mika 7,19: *«Han skal [...] trå vår skyld under fot»*.

37 Michelsen, Leif M. Fortolkning til Første Mosebok, Oslo 1972: s.58, kommentar til v. 18. Lutherstiftelsens Forlag, Lunde Forlag. ISBN 82 531 0634 8

38 Disse har blitt formet på samme måte som mennesket, og har også «livets ånd», så dyrene og mannen ligner på hverandre, men mannen er lederen, som derved definerer miljøet rundt seg ved å gi navn til dyrene, 1. Mosebok 2,20.

Forkynneren 3,19: «For det går mennesket som det går dyrene, den ene som den andre: Begge skal dø, samme livsånde har de alle. Mennesket har ingen fortrinn fremfor dyrene. For alt er forgjengelig.»

39 Billedlig talt, naturligvis. Jeg er klar over at teknisk og vitenskapelig talt, så betyr det det motsatte av det det betyr i daglig tale. http://en.wikipedia.org/wiki/Quantum_leap

40 Kvinnen bygges fra mannens side, men det betyr ikke nødvendigvis at at mannen er overlegen kvinnen. Det kan ha vært meningen å fremstille henne som likestilt; om en fortelling fra en kultur i midtøsten skulle tilskrive kvinnen lavere rang enn mannen, ville det ha vært mer tilbøyelig å si at hun ble skapt fra Adams *fot*!

Om han ble bygget fra *henne,* ville hele menneskeheten fått sitt opphav utelukkende fra kvinnen. Men siden kvinnen blir bygget ut fra *ham,* kommer hele menneskeslekten fra *begge i felleskap.* – «alle ætter på jorden», alle med hver sin gyldighet, og som i Guds hensikt skal alle velsignes med Abrahams velsignelse. (1. Mosebok 12,3).

1. Mosebok er faktisk skrevet i den kulturelle konteksten til miljøet i midtøsten, med områdets stammer, kulturer og sivilisasjoner som bakteppe. Ekko fra Ebla, Mesopotamia og oldtidens stormakt, Egypt, er innlemmet i boken, og flere deler har med opphavene til ulike folk i området å gjøre, og beskriver deres mangfold og felles opprinnelse.

[41] 1. Mosebok 1, 24 og 5,1: To mennesker av samme kjønn kan selvsagt velge å inngå en kontrakt og tilknytning, identisk med det som skjer ved ekteskap; Om de så vil, la dem for all del gjøre det, men ekteskap er det ikke for det kan aldri ha samme dynamikk!

Klor er en giftgass og natrium et metall. Når de danner et molekyl, får man noe tilsynelatende totalt forskjellig: SALT, som er livsviktig! Kvinne pluss mann forenes til noe annet enn det de er hver for seg, et molekyl som er mer enn bare summen av delene. På samme måte som man trenger både høyre og venstre bein for å kunne gå, to ører for å kunne merke fra hvilken retning en lyd kommer fra, og to øyne for å se dybde og perspektiv, så skal et ektepar få større armslag og rekkevidde, kraftigere og rikere egenskaper. Som to grunnstoffer vil mann og kvinne bli en ny binding og danne et helt nytt molekyl.

Likhet pluss likhet, derimot, kan skape kun mer av samme slag. Derfor kan ekteskap *aldri* bestå av to av samme kjønn, for forutsetningene mangler. Det er selve ulikhetene som skaper synergien. Er det to av samme kjønn, er det ikke ekteskap; er det ekteskap, er det ikke samme kjønn. «Kjønnsnøytralt ekteskap» er et selvmotsigende påfunn.

Ikke vil vel universet gjøre et krumspring fordi Lilliputs regjering vedtar at det skal det. Ikke blir vel månen til en grønn ost fordi loven bestemmer det. Og ikke er vel et ekteskap blitt kjønnsnøytralt fordi politikere innbiller seg at dette lar seg gjøre. Det eneste de oppnår, er å definere grønn ost om til å inkludere stein. Hva om 100% av verdensbefolkningen samtykker? (– og det gjør de ikke!) Fortsatt vil det være en minoritet, for Gud er uendelig, og derfor alltid i flertall. Dessuten forstår han langt bedre enn oss hvordan mennesker er skrudd sammen og fungerer.

Lover som fremstiller parforhold som kjønnsnøytrale, regulerer derfor ikke ekteskap, men forfalsker det. De omdefinerer ekteskap til noe det ikke er, og tømmer innholdet og erstatter det med noe som er virkelighetsfjernt. Så stappes Orwelliansk «kjønnsrolle»-definisjoner ned i halsen på oss. Det er en form for språklig voldtekt. «Kjønnsnøytrale pronomener» – som i realitet er ladet med politiske meninger vi ikke deler – blir påtvunget oss, og på denne slue måten blir et falskt verdenssyn snik-innplantet. Om vi nekter å bruke deres formuleringer, og ikke vil omtale saker på deres premisser, blir vi kalt «intolerante» fordi vi ikke bøyer oss for deres fantasifostre.

42 Om mennesker eksisterte kun for å få barn, da blir man etter hvert nødt til å spørre seg hvorfor disse barna skal eksistere? Og om de, eventuelt, igjen bare er til for å få nye barn, – hvorfor er disse barnebarna til? Og om de også er kun til for å få barn, hvorfor ...? (og så videre ad infinitum) Man må til slutt ende med en grunn til at noen eksisterer for sin egen skyld, og ikke bare for den neste generasjonens skyld.

Hverken kvinne eller mann er til kun for å få babyer. Vi eksisterer alle for vår egen skyld: for å være mottagere av Guds kjærlighet. Og fordi han elsker oss, har han gitt oss privilegiet og den frydefulle gleden av å være et materielt uttrykk av Guds smil overfor våre neste. For vesener som elsker, finner glede og tilfredstillelse ved å gi kjærlighet. «*Det er en større lykke å gi enn å få.*» sit. Jesus av Nasaret, Apostlenes gjerninger 20,35.

Grunnen til vår eksistens er mer enn kun reproduksjon. Vi eksisterer i egen rett, og får også privilegiet av å fullføre og oppnå mye annet, i tillegg til å få barn.

43 For begrepet om det kollektive bildet av Gud, må jeg takke Lance Lambert for hans utsagn om at innsiden av templet var bedekket med kostbare steiner. Disse representerte de mange ulike fremragende egenskaper som Messias har. Vi er alle en av disse steinene.

44 (Nikeansk trosbekjennelse). Hun er ikke et tillegg. Måten Gud gikk frem for å skape henne, ble gjort for å belyse treenighetens indre virkemåte: mannen er opphavet og i Guds bilde; kvinnen fremgår av mannen og er like mye i Guds bilde. Barnet fremkommer fra begge og er like mye i Guds bilde.

På samme måten er Faderen fullt ut Gud og «Er-den-Han-Er». og opphavlig. Den hellige ånden fremgår fra Faderen og er fullt ut Gud «som Han gjør og taler». Sønnen er fullt ut Gud «som Han viser seg selv å være». Disse vinklinger av Gud er alle i total enhet og totalt identiske.

Den hellige ånden er aldeles *ikke* «Guddommens feminine prinsipp» – det er i strid med selv prinsippet at treenigheten er tre i ETT. Den ene parten i treenigheten ville da ha vært annerledes enn de andre to, og ikke etter prinsippet som Athanasius ga uttrykk for. I tillegg til dette, omtaler Jesus Den hellige ånd spesifikt som «han» i Johannes 16, selv om selve ordet er intetkjønn. Gud **overskrider** kjønn. Kjønn er noe som er skapt, ikke evig, og Gud kan derfor ikke deles inn i maskuline og feminine deler.

45 'Adam' er et maskulint substanstiv på hebraisk, og derfor, når det anvendes kollektivt, menes begge kjønn.

[46] Fullkommenhet, i 1. Moseboks øyne, er ikke den homogene, hvite, uforanderlige, ubegrensede og totalt ensformige kulen som den greske filosofen Parmenides så for seg. Og selv om Parmenides fremstilling ikke ble godtatt av grekerne, gikk de med på hans forutpremisser: at fullkommenheten var uniform og enhetlig, og at alle andre varianter av et produkt da ville være mer eller mindre feilslåtte. I Bibelens fremstilling refereres det ikke til den greske «antitypos». Gresk fullkommenhet er et nyttig redskap, men kan sammenlignes med å se et foto av et hus kun fra siden, i stedet for å ha sett også forsiden og baksiden: man får ikke sett bildet hele veien rundt. En riktig forståelse av fullkommenheten må utgå fra et kjennskap med den uendelig altomfattende Gud, og ikke utgå fra en filosofs fremstillingsevner. «Bibelens Gud er ikke den samme som guden funnet i filosofien.» verbatim cit. Svein Rise, systematisk teolog på NLA.

Det greske jaget etter fullkommenhet har frembrakt noen vidunderlige produkter, men noen veldig stygge også. Blant annet gir det oss premissene for rasehygiene og folkemord.

Parmenides: Gresk filosof fra Elea i Sør-Italia, født *ca.* 515 f.Kr. (2009). Encyclopædia Britannica. *Encyclopædia Britannica 2009 Ultimate Reference Suite.* Chicago: Encyclopædia Britannica.

[47] Og taperne kunne til og med bli drept fordi de ikke passet inn (f.eks. om de var jenter eller spartan-babyer som ikke holdt mål.)

[48] Som den stadige variasjon frembragt av et fraktalbilde. Se: **complexity.** (2009). Encyclopædia Britannica. Encyclopædia Britannica 2009 Ultimate Reference Suite. Chicago: Encyclopædia Britannica.

[49] Forkynneren 3,11, NIV 1984

[50] Engelsk: «Evil is a detraction from Perfection.»

[51] (Ikke at vi nå er rustet med en *uttømmende* forståelse av ondskap, men vi har i alle fall begynt på det (se diskusjon videre).

52 Godt-og-ondt, (hebraisk: 'tov ra') er i utgangspunktet et *filosofisk begrep*, og ikke nødt til å være et bokstavelig tre som sådant. Men realiteten den dessverre er blitt til, er unektelig bokstavelig.

53 «Frukttrær» i oldtidens jordbruk var viktige ressurser. Man fikk fiken, dadler, druer, oliven og olivenolje, granatepler og skygge. Barn ble født under trær. Når de ble omtalt billedlig, nevnes de som kvaliteter og som steder der du fikk tak i noe: Fra oliventreet fikk man «fett» (også i slangbetydningen); fra fikentreet: «sødme». Trær blir mer eller mindre omtalt slik vi bruker ordene «kilde», eller «opphav». Visdom kalles et «livets tre» (Ordsp 3,18: *«Et **livets tre** er hun for dem som holder fast ved henne, lykkelige er de som støtter seg til henne.»*). Kongeriker blir billedlig omtalt som «trær» (f.eks Daniels bok). Kjærlighet blir omtalt som smaken av søt frukt.

NB: *ikke noe sted* i hele Bibelen finner man «~~kunnskapens tre»~~!

54 «Kunnskap» i 1. Mosebok er «førstehånds-erfaring» og «personlig kjennskap», og ikke lettvint og nerdete «fakta-oppsamling».

55 Innbydelsen ville ellers vært meningsløs. (jf. også oppdraget med å gi navn til alle dyrene).

56 i tillegg til dette: hvert valg omdannet fullkommenheten til en ny utgave av fullkommenheten. «The road not taken» ble derfor en uvesentlig faktor for intet «bedre alternativ» gikk tapt i utviklingen, for hvert valg var like godt som det andre og like gyldig. Og man hadde hele evigheten å undersøke de andre avenyer senere.

57 1. Mosebok 2,17 : «du skal dø, døende»

58 Det leser en senere tids prippenhet inn i en eldgammel tekst. Men til og med den mest overflatiske lesing av Bibelen viser at den anser sex som noe positivt, og ikke en forbuden frukt. Ikke bare blir det påbudt (!) på den 6. dagen (1. Mosebok 1,28), men vi kan se eksempelet med Enok:

Enok levde 365 år; hans første barn ble født da han var 65, og han «vandret med Gud» (levde i felleskap med Gud) i 300 år. Det vi får antydet, er at vandringen med Gud begynte da Enoks første barn ble født. Vi leser også at han «fikk sønner og døtre», kort sagt: Mens Enok vandret med Gud, hadde Enok et aktivt sex-liv. Og felleskapet med Herren var så dypt at Herren passet Enok så han ikke døde. Et aktivt sex-liv (underforstått: i ekteskapelige rammer) og et travelt familieliv er INGEN hindring for en tett vandring med Gud! (1. Mosebok 5,21–23)

59 Kunnskap er i og for seg konsekvent positivt omtalt i Det gamle testamentet. Den ufyselige forvrengte betegnelsen 'kunnskapens tre' har fått leserne til å dra helt feil slutninger: at Gud ville undertrykke oss og holde oss fanget i uvitenheten. Tanken ligger under vrangforestillingen at helstøpte akademikere må ta avstand fra religion, og at vitenskap og tro ligger i krig med hverandre. – Som om vi kunne makte å bli en trussel for Gud! Som om universets skaper, som har frembrakt multi-trillioner galakser, noensinne kunne føle seg truet av noe vi skulle makte å oppdage eller finne opp! Hele ideen er absurd: en bastardimport fra gresk mytologi. (jf. Prometheus).

60 Jeg bruker det kun som ordvending. Du blir ikke det du spiser *egentlig,* men det motsatte. Det er maten, ikke deg, som blir omdannet til å bli deg!

61 Ikke at Eva og Adam forsto rekkevidden av det de holdt på å velge, men de forsto at de ikke burde velge det. Forkasting av sin kjærlighet til Gud, var det nødvendige vilkåret som lå bak selve handlingen!

62 Som er hvorfor treet til kunnskap-om-godt-og-ondt også avspeiler vår frie vilje: Kjærligheten og den frie viljen er to sider av samme sak.

63 Dette vil fortsatt være tilfelle om vi skulle gå med på den tradisjonelle fortolkning av treet: at valget gikk ut på å bestemme selv hva som var godt og ondt (og derved finne på våre egne absolutter), og ikke la Gud bestemme. Det går ikke an å bestemme selv hva som er godt eller ondt der alle valg er gode og ingen er dårlige. Det er fortsatt ingen 'ondt' å velge, så valget medfører at ondskap er brakt til veie først, og at det derved har ødelagt fullkommenheten.

64 (Hvordan enn «teori» ser ut fra Guds synsvinkel), jf. også Ordspråk 15,11

65 – I motsetning til de greske gudene!

66 Johannes 14,15; 1. Joh 5,3

67 Dette er utvilsomt bare én side av saken, naturligvis. En annen side (og det finnes selvsagt mange flere) er at ettersom vi er skapt til felleskap med andre mennesker, danner vi vårt selvbilde fra tilbakemeldingene vi får fra dem. Men vi får, og gir selv, selvsentrerte tilbakemeldinger. Disse skaper utrygghet, engstelser og reaksjoner hos oss som fører til enda mere selvopptatthet. Egoismen, kort og godt, forsures raskt og blir destruktiv. En sunn kjærlighet til oss selv, derimot, har motsatt effekt.

68 1. Mosebok 3,7

69 1. Mosebok 3,22. Legg merke til at hvert eneste menneske har disse 3 ting felles – til og med de ufødte! Alle opplever noen form for **godt** (om bare den flyktige komfort av å være i livmoren). Alle opplever noen form for **ondt**. Alle opplever **døden**. Og alle disse tre ligger i kortene, i advarselen i 1. Mosebok 2,17: «*av treet til kunnskap om godt og ondt må du ikke spise. For den dagen du spiser av det, døende skal du dø.*» (2,17)

70 http://www.str.org/site/News2?page=NewsArticle&id=5124 Bemerkninger hos John Milton, og Augustins syn var innfallsvinkelen som førte til min måte å lese skapelsesberetningen på. Leseren må selv avgjøre om jeg har lest den riktig, eller lest noe inn i beretningen som ikke er der egentlig.

71 (Forslaget om at menneskeheten ikke var ment å ta befalingen på alvor, og at Guds mening hele tiden var at vi skulle falle; at hans «ikke» egentlig betød «ja», er en indirekte påstand at Gud lyver! jf. Hebr 6,18 og Joh 8,44)

72 1. John 1,5: Alternativet blir dualismen: en evig kamp mellom like sterke, men motsatte gode og onde krefter. I følge dualismen: Om Gud er ubegrenset godhet, da er han i opposisjon med en ubegrenset ond makt som står ham imot, og godt vil aldri beseire ondskap. Det er opplagt at Bibelen ikke støtter dette synet: Jesaja 44,6 og 8; 45,5–6 og 21

73 Sitat fra Julian of Norwich, *Revelations of Divine Love*, chapter 86.

74 Min tese er at glede var Guds hovedgrunn for å skape universet: å mangfoldiggjøre lykke. Fordi han er kjærlighet, ville han formidle sin kjærlighet ikke bare til seg selv, (selv om det igrunn hadde vært nok, siden hans kjærlighet når uendelig,) men til hele skaperverket. Vi er skapt for å være mottagere av Guds kjærlighet, for å bade i hans smil til evig tid og stråle ut den kjærligheten til alt rundt oss.

75 Uten kjærlighet ville universet til syvende og sist bare være et gigantisk leketøy, en lekeplass for Guds allmakt, men ikke et vidunderlig samspill av gledesfylte forhold.

76«*For en liten stund har jeg virvlet deg opp av støvet så du skal bli til min herlighets pris. Det er ingen liten ting at jeg har gitt dette privilegium til støvet som er deg.*» (Ord gitt meg av Herren da jeg så svevestøv lyst opp av en solstråle ca. 2008). Men dette har han gjort, ikke bare på grunn av oppgaven å være til hans herlighets pris, men for min egen skyld, og: for å plassere meg på mottagerenden av denne kjærligheten.

77 Det finnes muslimske teologer som har tatt avstand fra påstanden at Gud kan være kjærlighet, fordi det ville begrense Hans absolutte allmakt. Det gjør det ikke. Den viser oss kun hva Guds suverene og allmektig valg faktisk *er*.

78 For en god drøfting av de ulike ord for kjærlighet i gammelgresk, se Lewis, C.S. «The Four Loves» New York 1960 ISBN 0-15-132916-8

79 Fellesspråk for mesteparten av Romerriket fra omtrent begynnelsen av kristendommen, og som fungerte omtrent slik internasjonal engelsk gjør i dag. For mange var *koiné* morsmål, og for mange andre lingua franca (andrespråk) som ulike nasjonale og etniske grupper brukte for å kommunisere med hverandre. Latin fikk denne rollen i Vest-Europa først i middelalderen, mens gresk fortsatte som Øst-Romerrikets språk (og ble senere delvis erstattet med arabisk).

80 1. Kor 13,4–8, New English Translation: http://bible.org/netbible/index.htm

81 (evig liv er en **kvalitet** fremfor en **kvantitet**.)

82 Gud *kan* kjennes, -dersom han suverent velger å gjøre seg selv kjent!

83 1. Joh 4,7–8: «Mine kjære, la oss elske hverandre! For kjærligheten er fra Gud, og hver den som elsker, er født av Gud og kjenner Gud. Den som ikke elsker, har aldri kjent Gud, for Gud er kjærlighet». Joh 17,3: «Og dette er det evige liv, at de kjenner deg, den eneste sanne Gud, og ham du har sendt, Jesus Kristus.» Begge sit. fra https://www.bibel.no

84 Om alle tings grunnårsak er **personlig**, vil et forhold med den personen trolig være nøkkelen til et riktig forhold med universet som en helhet.

85 http://www.creeds.net/Westminster/shorter_catechism.html The Westminster Shorter Catechism1647

86 For eksempel: Vi har anvendt penicillin for å beseire patogener, men forstått i nokså lang tid hvor viktig tarmfloraen er for helsen, og at dette er en integrert del av kroppen. Så den velmenende penicillinbruken har hatt mange ugunstige bivirkninger. Et eksempel til er plast: Nyttig i hverdagen, men kilde til et enormt hav av forurensning.

87 1. Mos 6,5

[88] Dogmaet om 'total fordervelse' er ikke at absolutt alt ved et menneske er ondt. Det betyr at ondskapen gjør seg gjeldende i hver krok av dets natur, og snikpåvirker også dets bedre og mer elskverdige handlinger. På den andre siden: Det gode i oss har også en evne til å motpåvirke våre onde trekk. En god illustrasjon her er det sadistiske bombeattentatet 22. juli 2011 i Oslo, etterfulgt av den kaldblodige massakren på Utøya, da 66 ungdommer ble myrdet og 69 andre skadet, mens enda flere fikk langvarige trauma etterpå (bl.a. en av mine elever). **Handlingen var ussel; det norske folkets kollektive respons var ekstremt vakker.**

Påstanden at godt og ondt forekommer i alle, er en selvfølgelighet. Men det er en viktig forskjell fra dualismen som fantes i manakeismen. Du kan aldri beseire det onde inne i deg bare ved å fornekte det eller separere deg fra det. Du blir kun hel ved *å få tilbake det tapte elementet.* Om den blir restaurert, vil det da gjennomsyre hele deg og frembringe en helbredelse (gjenløsning) av alle de øvrige delene.

[89] (– slik det står i Ordspråkene: «*Egen dumhet fører mennesket til fall, men hjertet raser mot Herren*») Ordsp 19,3 sit. www.bibel.no/Nettbibelen

[90] Så det er ingen vits i å sammenligne seg selv med andre og si «jeg er ikke verre enn dem». Selv en olympisk mester i lengdehopp vil falle til sin død om han prøver å hoppe over en kløft på 100 meter. De beste blant oss når ikke opp uansett.

[91] 2. Kor 6,14, sit. bibelen.no

[92] F.eks prostitusjon. Legg merke til at alle disse andre former for kjærlighet rettes «horisontalt», så å si: mot skapninger på samme plan som oss selv. Agape-kjærlighet, med sin direkte avspeiling av Guds natur, har en «vertikal» dimensjon – den er koblet til en høyere dimensjon. Jf. Jakobs brev der han skiller mellom «visdom som kommer ifra oven» og «jordisk visdom».

[93] 1. Mos 5,3

[94] Ef 2, 4–5

[95] Rom 8, 22 οἴδαμεν γὰρ ὅτι πᾶσα ἡ κτίσις συστενάζει καὶ συνωδίνει ἄχρι τοῦ νῦν

96 Kjærligheten: Siden det er en absolutt kvalitet hos Gud, kan man ikke gi en fullstendig definisjon på den. I grunnen definerer ikke 1. Kor 13, 4–7 hva kjærlighet *er*, men beskriver hvordan den *virker*.

97 Gud selv, (i motsetning til Jean-Paul Sartre!) er det eneste vesen i stand til å foreta et ekte eksistensielt valg. Alt annet og alle andre eksisterer inne i sine omgivelsesrammer, og deres reelle valg er innhegnet av disse. Gud er sin egen ramme og referansepunkt, og derfor kan Han være akkurat det Han selv velger å være. Og, Han har gjort sitt valg (1. Joh 4,8), og hele universets absolutter er fastlåste i en urokkelig bane rundt det valget. Hadde Gud valgt annerledes, ville også universets absolutter vært annerledes.

98 (Eller til og med tilfeldigvis.)

99 Som er derfor nazistene gyvet løs på jøder, sigøynere og de homofile.

100 En slik overgivelse til ondskap kommer alltid forkledt bak en eller annen selvforherligende unnskyldning. Den er maskert som eller annen «edel sak» som rettferdiggjør all den lidelsen som kommer i kjølevannet. Ugjerningsmannen fremstiller seg selv som en beundringsverdig helt eller martyr. Så Gengis Khan trodde han hadde mandat fra gudene til å tvangsforene hele menneskeheten i ett stort imperium. Krigene som han da satte i gang, tok trolig 40 millioner liv http://necrometrics.com/pre1700a.htm#20worst, – like mange som hele 2. verdenskrig – i en tid da verdensbefolkningen trolig bare var på 450 millioner. (https://en.wikipedia.org/wiki/World_population).

101 Dette er en så krass mulighet, at de politisk korrekte foretrekker å ikke en gang vurdere det. For om det stemmer, at vi *alle* kunne valgt slikt, da har noen personer *valgt* å være kriminelle, og er ikke ofre for feil oppdragelse, dårlig miljø og feilslåtte samfunnssystemer kun. Men det onde *er* faktisk noe som visse folk og grupperinger bevisst velger, som en måte å hevde seg selv på. Det er, for eksempel, kjernedynamikken til fotball-hooliganismen.

102 Ikke at Herren trenger å gjøre noe som helst. Det er bare å la ondskapen spille seg ut. Undergangen vil komme av seg selv.

103 Joh 13,27, bibel.no

[104] Jes 45,7

[105] Jer 7,31

[106] Jf. Apostlenes Gjerninger 4, 26 og 28

[107] 1. Kor 2,8

[108] (Brevet til hebreerne 12,11) Dypest sett får de del i hans lidelser (se neste del) *«En slik sorg fører til omvendelse og frelse, og det angrer ingen. Men sorg som er av denne verden, fører til død»*, 2. Kor 7,10, bibel.no

109 Ingen planla for eksempel slummen og elendigheten i de nye byene som oppsto i kjølvannet av den industrielle revolusjonen. Ikke var slummen noe særlig annerledes enn den ufattelige elendigheten ute på landet i samtiden heller. Romantikken idealiserte livet på landet, men ble kraftig kritisert av sine samtidige, som hevdet at romantikerne stakk hodene ned i sanden. Så ille var livet på landet, i realiteten, og så lutfattige var folk der, at vi har et eksempel der en bonde betalte 10 dagsarbeidere å spa opp en åker – for deres dagslønn var billigere enn havren han måtte spandere på en ploghest som kunne få jobben unnagjort på en dag! (kilde: BBC Open University) De nye fabrikkeierne fulgte ganske enkelt sine egne instinkter og utnyttet en økonomisk mulighet. Ettervirkningene oppsto gradvis og uforventet.

Adam Smith forutså ikke noe slikt da han skrev «The Wealth of Nations», men antok at uhemmede naturkrefter ville føre til utelukkende positive resultater, om de bare ble gitt fritt spillerom. Men han levde i opplysningstiden, som hadde arvet forestillingen om Guds forsyn fra perioden før. Men ideen var nå blitt tømt for forsynets kjernepremiss: at forsynet er noe som oppstår gjennom *et personlig forhold til Gud* (Rom 8,28), og ikke er en allmenn regel som automatisk fremskaffer «den beste av alle mulige verdener».

Men «The Wealth of Nations» blir uansett lest utenfor sin egentlige kontekst. Det hevdes at verket utgjorde kun en del av Smiths helhetlige moralfilosofi, og kan forstås kun i lys av den. *«Adam Smith's philosophy bears little resemblance to the libertarian caricature put forth by proponents of laissez faire markets who describe humans solely as* homo economicus. *For Smith, the market is a mechanism of morality and social support.»* https://www.iep.utm.edu/smith/.

110 De negative virkninger av skadelige upersonlige systemer vil selvsagt bli forverret når individer som deltar drives av personlige, men onde hensikter: grådighet, pengebegjær, skattesvik, svindel og innviklede økonomiske bedragerier – som innsidehandel.

111 Peer Gynt, akt 3 scene 3. Sitatet er fra R. Farquharson Sharp's oversettelse, som setter det mer på spissen enn Ibsens opprinnelige ordlyd: «*Oh, yes; 'its always the innocent who suffer' As the Devil said, when his mother thrashed him Because his father had come home drunk!*»

http://www.archive.org/stream/peergyntdramaticooibseuoft/peergyntdramaticooibseuoft_djvu.txt

De uskyldige er også ofre for egen godhet. Fordi de ikke selv er overgitt til ondskap, kan de ikke forestille seg hva onde mennesker er i stand til, eller ta det på alvor – inntil det skjer! Siden de ikke er forberedte på det, kan det onde da slå til uten varsel. Og ikke er de gode innstilte på å forsvare seg mot ondskapen med de ondes egen mynt, for om de så gjør det, blir de selv onde.

112 Antyd muligheten for at det finnes intelligente livsformer andre steder i universet, så vil alle intellektuelle applaudere. Antyd for dem at det kanskje finnes *engler*, og enkelte intellektuelle vil håne den tanken og innbille seg at de ved det er så smarte. Jeg hørte Dr. Martin Lloyd Jones bli hånet på BBC en gang for nettopp dette!

113 – ben elohim – 1. Mosebok 6, 2 og 4; Jobs bok 1,6 og 2,1

114 Job 38, 4 og 7. Den mest nærliggende forklaringen er at disse er engler, spesielt hvis Satan inkluderes blant sønnene – siden han senere i fortellingen utøver overmenneskelige krefter. En annen tolkning (kilde: Megan Easley-Walsh) av 'guds sønner' i jødisk tradisjon, er at disse er Seths etterkommere.

115 A Discourse, by President Joseph Smith (Joseph Smith Jnr.) Delivered at the Conference held near the Temple, in Nauvoo, April 6, 1844 Reported by W. Richards, W. Woodruff, T. Bullock, and W. Clayton.

«Intelligence is eternal and exists upon a self-existent principle. It is a spirit from age to age, and there is no creation about it. All the minds and spirits that God ever sent into the world are susceptible of enlargement. The first principles of man are self-existent with God. God himself, finding he was in the midst of spirits and glory, because he was more intelligent, saw proper to institute laws whereby the rest could have a privilege to advance like himself.» *Journal of Discourses, Volume 6, pages 1-11.* sit. http://www.truthandgrace.com/joesinner.html

116 Pullman, Philip The Amber Spyglass, Scholastic Uk Ltd 2000 p. 210: «*You say that so casually» she said «as if it were something I should know too, but ... How can it be? The Authority created the worlds didn't he? He existed before everything. How can he have come into being?» «This is angelic knowledge» said Ogonwe. «It shocked some of us too to learn that the Authority (i.e. God –ed.) is not the creator. There may have been a creator, or there may not: we don't know. All we know is that at some point the Authority took charge ...» «the Authority first set himself above the rest of the angels.»* s. 211.

Til Pullmans forsvar må man si at selvsagt hevder han aldri at hans kosmologi er noe annet enn fantasi. Han er ateist og tror at hverken Gud eller noen andre ånder eksisterer, og påstander om ikke-eksisterende ting kan hverken være sanne eller usanne, for de handler om ting som ikke er til. «.. *I saw there wasn't any God at all and that physics was more interesting. The Christian religion is a very powerful mistake, that's all»* s. 442.

117 (1930-oversettelsen, 2011-utgaven omskriver gresken μὴ ἐκ φαινομένων og sløyfer det viktige og emfatiske 'ikke' som finnes i grunnteksten). For øvrig, jf. Johannes' åpenbaring 4,11

118 Men Guds fiender vil alltid foretrekke så destruktive forvrengninger av sannheten som mulig.

119 (Som vilkårlig opphøyer relativisme til en absolutt). Uansett betyr påstanden «alt er relativt», kun at «summen-av-eksistensen er det som er absolutt, og jeg er en liten del av det». Siden alt som er til, nødvendigvis må inkludere Gud selv, finnes det absolutter likevel, da; for Gud er absolutt.

120 John Milton, Paradise Lost, London 1674. Bok 1, linjene 37–41 og 589–598.

«what time his Pride
Had cast him out from Heav'n, with all his Host
Of Rebel Angels, by whose aid aspiring
To set himself in Glory above his Peers,
He trusted to have equal'd the most High,
If he oppos'd»

–

«he above the rest
In shape and gesture proudly eminent
Stood like a Tow'r; his form had yet not lost
All her Original brightness, nor appear'd
Less then Arch Angel ruin'd, and th' excess
Of Glory obscur'd: As when the Sun new ris'n
Looks through the Horizontal misty Air
Shorn of his Beams, or from behind the Moon
In dim Eclipse disastrous twilight sheds
On half the Nations»

Siste utdraget av disse to var den hermeneutiske nøkkelen som førte frem til denne boken. http://www.dartmouth.edu/~milton/reading_room/pl/book_1/

121 Men det er vår fiende, siden det var ikke meningen at vi skulle gå igjennom det. Vi ble skapt til evighet. 1 Kor. 15,26 *«Den siste fiende som tilintetgjøres, er døden;»*

122 (Har en begynnelse og slutt, selv om slutten skulle vise seg å være slutten av selve Tiden)

123 (En endeløst gjentakende syklus). Alle skapte ting har en begynnelse og er derved ikke evige. Om noe fortsetter og fortsetter å være til, er dette fordi det fikk en begynnelse, men ikke en avslutning. Evigheten, derimot, eksisterer utenfor tiden, mens uopphørlighet eksisterer i rammen av tiden.

Her har jeg måttet dikte opp et uttrykk, (uopphørlig) siden ordet «evighet» blir tvetydig om jeg bruker det her, og språk skal være et redskap, ikke en herre. Når redskap må anvendes til nye formål, må man kanskje forbedre dem eller finne opp noe nytt. Så Jeremy Bentham diktet opp ordet «international», og bra er det! Og i eget forsvar: å hevde at bare ord som finnes i leksikon er tillatte, er som å gå med på at «alt som ikke er befalt, er forbudt!»

124 http://en.wikipedia.org/wiki/Mayfly or http://da.wikipedia.org/wiki/Døgnflue hvor vi lærer at mange av disse lever på voksenstadiet kun noen timer!

125 Dvs. ting skapt for å være flyktige. Deres evig-varighet ligger i deres stadig gjentakende livssyklus. Ideen man fra tid til annen kan komme over i bibelutlegginger, at den opprinnelige skapelsen var befolket kun med dyr osv. som aldri døde, noe som er mer beslektet med gresk filosofisk idealisme enn med et helstøpt bibelsk utsyn.

126 Jf. Michelsen, Leif M. Fortolkning til Første Mosebok, Oslo 1972 s. 54. «Livsens tre har dette navn fordi treet er i stand til å gi liv gjennom sin frukt. Bakgrunnen er v.7 og menneskets dødelighet. Mennesker synes ikke å ha absolutt udødelighet før fallet. Den sterke understrekningen av samhørighet med jorden forbyr oss å tenke slikt. Men det hadde en relativ og betinget (kondisjonal) udødelighet, som i fortellingen er uttrykt ved dets forhold til livstreet og budet. Når det i 3,22 sies at treet skal gi evig liv, er dette ikke nødvendigvis slik å forstå at mennesket ville får et kvalitativt *annet* liv enn det alt hadde. Det kan også uttrykke at det liv som det hele tiden har hatt, vil vedvare i lang tid. Treet har da en livsoppholdende funksjon. Ved å leve ved treet og ete av det kunne mennesket holde døden på avstand og leve. Verbalformene i 3,22 kan oppfattes slik. Å bli drevet bort fra treet blir derfor en dødsdom. Noe skille mellom åndelig og legemlig liv/død finnes det ikke tegn til i fortellingen. At livstreet ikke er omgitt av et forbud viser da at Gud har tiltenkt mennesket fri adgang til dette treet, så lenge det levde i lydighet og tillit til ham.»
(Livets tre er også et belegg for å se forbi bokstavene i skapelsesberetningen og over til *hensikten* med dem)

[127] 1. Mos 2,17: Oversettelsen «*for på den dag du eter av det, skal du visselig dø.*» har fotnoten «Heb. *dying thou shalt die*» i Oxfordutgaven av King James Bible. Frasen på hebraisk er מֹ֥ות תָּמֽוּת

(http://www.blueletterbible.org/Bible.cfm?b=Gen&c=2&v=7&t=NKJV#conc/17) (ord-for-ord oversettelsen *mō·wṯ tā·mūṯ* http://biblos.com/genesis/2-17.htm). Verbet *mō·wṯ* står i infinitiv første gangen og i imperfektum den neste. Tilsammen blir døden fremstilt som både prosess og enkelbegivenhet.

[128] 1. Pet 5,8. For ordens skyld: jeg skrev opprinnelig dette *før* jeg leste Harry Potter (jf. *Dementorer* i bok nr 3). Som en kuriositet kan det også nevnes at Voldemort i Harry Potter-bøkene er et navn som betyr «dødstyven». Den onde trollmannen opprettholder livet sitt ved å fange en del av sin sjel i noe eksternt som heter en «malacrux». For å få trylleformelen å virke, må han ta en annens liv. Gjenklangen her bunner i J.K.Rowling's verdenssyn, som er dypt forankret i kristne verdier.

[129] Julian of Norwich, Revelations of Divine Love, kap. 86

[130] (Og ikke logikken til avansert biologi eller mekanikk) jf. C.S. Lewis *Reflections on the Psalms.*

[131] Best oppsummert i Guds selvbeskrivelse i 2. Mosebok: «Jeg Er den Jeg Er». På hebraisk er dette en frase som kan oppfattes på mange ulike måter, men alle peker på Guds selv-determinerende, men uforanderlige natur. «Han var-og-er-og-fortsatt-skal-være den Han var-og-er-og-fortsatt-skal-være».

Det han har valgt å være, ligger selvsagt hinsides menneskers evne til å beskrive. Den eneste adekvate beskrivelsen er den Gud selv ga oss: «*JEG ER det JEG ER*» (2. Mosesbok 3,14). Det er det eneste uttrykk som dekker alle Guds egenskaper. Hans navn YWHW (*Han Er*) kan vi anse som Hans selv-beskrivelse. Se: http://en.wikipedia.org/wiki/Names_of_God_in_Judaism#The_Tetragrammaton; (http://biblicalhebrew.org/hebrew-names-of-god-in-the-bible.aspx) http://www.jstor.org/discover/10.2307/1515709?uid=3738744&uid=2129&uid=2&uid=70&uid=4&sid=47698820306447

132 Kjærlighet er gitt frivillig. Det kan ikke tvinges eller bestikkes. Salamos Høysang 8,7

133 Ordspråkene 17,12; jf. Hosea 13,8 og Heb 1,9

134Det ondes konsekvenser kan ikke unngås så lenge det onde fortsetter å være til. Matteus 18,7 «*Ve verden for forførelser! For forførelser må komme; men ve det menneske som forførelsen kommer fra!*» Vår påstand er at utslettelsen av det onde er Guds langtidsplan, men for vår skyld må hans hensikt bli oppnådd gjennom en prosess, ikke en drastisk engangshandling.

135 Gud er den eneste som vet hvor mange som finnes. Jeg har listet opp bare noen få eksempler, ikke en uttømmende oversikt.

136 Salme 136 gjentatt hele veien, blant annet.

137 Han elsker oss fortsatt for det vi opprinnelig var ment å være, og på grunn av det Han kommer til å skape oss til å bli, dersom Han, pottemakeren, får lov til å bearbeide leiren vi er laget av. *«Gud – om du er til, ta meg, dann meg, omform meg i samsvar med Din vilje.» 15. februar 1969*

138 1. Mosebok 6,5

139 Liv på den tørre landjorden selvsagt, – ikke det marine liv. (Dette er så opplagt at vi aldri tenker på det!)

140 Men de tre konene til Shem, Kam og Jafet var *ikke* barna til Noah og hans kone, så selv om den mannlige linjen går gjennom Noah, går vår kvinnelige linje mye lenger bakover til Eva! Interessant nok, (men mest av anekdotisk verdi,) har DNA-forskning antydet at vår felles kvinnelig stammor fantes langt lenger tilbake i tiden enn vår felles mannlige stamfar.

141 Mange har gjort mye ut av denne forbannelsen (nevnt som en del av Guds dom i 1. Mosebok 3,17). Men de synes å glemme at 1. Mosebok sier at forbannelsen ble <u>trukket tilbake</u> etter syndefloden!

142 I en ikke-fallen verden ville smerte sannsynligvis være nokså minimal. Men syndefallet fører oss ut i helt andre situasjoner enn de opprinnelige. Men smerte redder liv! Spedalskhet, for eksempel, er en sykdom som angriper overflatemuskulaturen og avstumper berøringssansen så den smittede ikke kjenner smerte. Som en følge kan de spedalske gå rundt med en stein i skoen uten å kjenne det. I stedet for å ta steinen ut, fortsetter de å gå med stein i skoen, og et sår oppstår under fotsålen. Siden de ikke vet at såret er der, utvikler det seg videre til en infeksjon, og til slutt mister de beinet, for det må amputeres – om de er heldige. Om det går riktig ille, får de blodforgiftning (sepsis). Spedalskhet dreper ikke folk, men sepsis gjør det.

143 På engelsk: *my Spirit shall not strive with man forever*

144 2. Tess 2,7: Det forteller oss ikke hvem/hva forhindringen er, eller hvem/hva som vil fjerne det. Som en sidebemerkning vil jeg her nevne at Gud av og til griper inn for å forhindre noe av menneskehetens mer idiotiske tiltak, som i eksempelet med Babels Tårn.

145 Åpenbaringsboken er ikke mitt hovedfokus. Hvor langt vi er kommet i prosessen, er reneste gjetning, men vi har tydeligvis ikke nådd slutten.

146 Rom 13,1–7, spesielt vers 4. Regjeringers rolle som 'diakoner' (gk: '*diakonoi*') er som en representant, som utfører en oppgave på vegne av en annen, på en slik måte den andre ville ha gjort det. Vår lojalitetsplikt ovenfor regjeringer, er derfor ikke absolutt, men hviler på vilkåret om at de opptrer som Guds representanter, ikke Hans fiender. Av den grunn var opposisjon mot Adolf Hitler ikke i konflikt med kristenetikk. jf. Sal 94,20 *«Kan ondskaps trone være din venn, den som gjør urett til lov?»* Se: Exelby, Richard Mure: The Deacons' Assignment in the Light of the New Testament Material, Bergen, 1997 s. 58 og 59 (M.A. hovedfagsoppgave i Kristendom, NLA.)

147 1. Mosebok 3,6

148 Tvert imot, de må nødvendigvis være gode, siden Gud skapte oss slik. Men de er forringede, og derved innbakt i den sammenflettede tilstand av godt-og-ondt som vi er i. (jf. Rom 1,21)

149 Ordspråk 2,6 og 9,4: En større del av Bibelen kalles faktisk for «Visdomsbøkene» (Job, Salmenes bok, Salomos Ordspråk, Forkynneren og Høysangen).

150 (Det finnes selvsagt en god del andre.) Paulus, som hadde utdanning som rabbi, nevner Loven i hjertene – Rom 2,15. Kjernespørsmålet mht. andre lovstystemer (f.eks Hammurabi, Konfuste/K'ung-fu-tzu) er til hvilken grad de stammer fra Guds visdom eller fra sviktende menneskelig kilder. Sikkert begge deler.

151 3. Mosebok 19,18

152 Jf. 5. Mosebok 24,1–4 og Malaki 2,14–16

153 Dette er så opplagt at det knapt trenger å bli sagt. Men i og med at det ikke skader å si det, la oss bare si, at om bare folk holdt seg til «du skal ikke stjele», ville det få enorme konsekvenser. Dører ville ikke trenge lås, og bilnøkler ville bli fortidslevninger. Det samme gjelder «du skal ikke drive hor». Klamydia, Gonoré, Syfilis og AIDS ville svinne hen i løpet av en generasjon og bli sjeldne sykdommer.

154 Så lenge verden var fullkommen, var alle avgjørelser like gyldige og derfor etisk riktige. Vi kan knapt forestille oss hvor annerledes livet ville vært om vi aldri hadde syndet.

155 Ikke at jeg vil påstå at samvittigheten er kun en følelsesmessig respons. Hva samvittigheten egentlig er, har man fortsatt ikke kommet frem til.

156 For eksempel har mange unge menn fordømt seg selv på grunn av Jesu utsagn: «Den som ser på en kvinne for å begjære henne, har allerede begått ekteskapsbrudd med henne i sitt hjerte.» Det de overser, er at her snakker Jesus om gifte kvinner, ikke om å finne ei jente tiltrekkende.

157 «Å holde ut det uutholdelige» var en frase brukt av keiser Emporer Hirohito da han proklamerte Japans overgivelse ved slutten av 2. verdenskrig. Hasegawa, Tsuyoshi: *Racing the enemy: Stalin, Truman, and the surrender of Japan* s. 240, Harvard 2005. All ære til Hirohito, som overkjørte sin militærstab og valgte å avslutte krigen heller enn å la sitt folk lide mer.

[158] For å fatte hvordan dette kan stemme, må man først forstå hva treenighetslæren går ut på.

«Jeg Er den Jeg Er» sa Gud til Moses. Guds selv-beskrivelse dekker hver egenskap som Den allmektige har, men det vil ta mer enn evigheten å grunne ut beskrivelsens innhold.

«Gud Faderen» er Gud slik HAN ER.

«Gud, Den hellige ånden» er Gud slik HAN ER når Han er tilstede.

«Gud, Sønnen» er Gud slik HAN ER sett å være.

Men det er alltid og ufravikelig tale om **En Gud,** slik HAN ER. Gud er ett i en trefoldig enhet.

Jesus viste oss hvem Gud er, men levde ikke gjennom sine guddoms krefter mens han var blant oss. Han holdt seg inne i menneskelighetens parametre. Det medfører ikke at Guds kraft ikke var aktivt mer, men at det var Guds natur som ble fremvist på jorden gjennom Menneskesønnen.

[159] Det var ikke feil fra Guds side å skape oss som kjærlighet, og derved indirekte skape muligheten for det onde å bli til, langt i fra! Kjærlighet er det beste Han overhodet valgte å skape oss som. Men, i og med at vi gjorde feilen ved å velge godt-og-ondt, tok Gud på seg ansvaret for å la oss få valget. Men det var nødvendig, som jeg allerede har forklart.

[160] Jf. den objektive forsoningslæren.

[161] Jf. 1. Mosebok 6,6: *«Da angret Herren at han hadde laget mennesker på jorden, og han var full av sorg i sitt hjerte.»*

Det er en objektiv og en subjektiv side ved forsoningen. Den hele og fulle betalingen skjedde objektivt, for alle konsekvensene og straffene for det onde. Men vi ser den subjektive elendighet som syndefallet har kostet Gud selv. Hvordan det er en levende tortur for Ham å holde ut med oss.

[162] Jf. Åp 13,8 og 1. Pet 1,19– 20; Se 1. Mosebok 6,6 for Guds sorg: *«Da angret Herren at han hadde laget mennesker på jorden, og han var full av sorg i sitt hjerte.»* jf. det hebraiske verbet נָחַם i Niphal tid av verb, for 'regret, rue, repent',»og עָצַב http://www.blueletterbible.org/ lexicon

[163] 1. Joh 2,2

164 Johannes 19,30: Kristus siste ord på korset. Fordi det onde ikke er en absolutt, er det ikke ubegrenset, og kan derfor bli brakt til utslettelse.

165 (En av måtene Joh 10,17 kan oversettes på.) http://www.blueletterbible.org/Bible.cfm?b=Jhn&c=1&v=17&t=KJV#vrsn/5

166 «In vain the firstborn seraph tries to sound the depths of love divine.» (Charles Wesley). «forgjeves forsøker den første serafengelen å utgrunne den guddommelige kjærligheten.»

167 (En vanlig parallell fra 3. Mosebok 25,47–55, og nevnt i Gal 4,5 og Tit 2,14)

168 Høysangene 8,6. 1. Kor 15,54. «*Døden er oppslukt, seieren vunnet*» — på *hebaisk* fra Jes 25,8 , hvor sitatet kommer fra, «*Han* (Jehovah) *skal sluke* døden i seier», dvs. *for alltid:* som «i seier» ofte betyr i *hebraisk* idiom (Jer 3,5 Klag 5,20). Kristus skal sluke det så *totalt* at det aldri mer kommer til å gjenvinne makten (jf. Hos 6,2 og 13,14 2. Kor 5,4 Hebr 2,14–15 Åp 20,14 og 21,4). Verbatim fra Fausset, A.R. The First Epistle of Paul the Apostle to the Corinthians sit: www.blueletterbible.org/commentaries...1Cr_15_54

169 Rom 5,5

170 Joh 3,3: Uttrykket γεννηθῇ ἄνωθεν «eller *i fra oven*; gresken er med vilje tvetydig og kan bety både *igjen* og *fra oven*; også vers 7» se: English Standared Version sit: http://www.blueletterbible.org/Bible.cfm?b=Jhn&c=3&v=5&t=KJV#vrsn/3

171 H*ristos Voskrese! – Vaistinu Voskrese!* Kristus er oppstått! Han er sannelig oppstått;

172 Akkurat som poenget med å oppnå fullkommenheten, er å forbli der etterpå, er poenget med å komme til Kristus, å forbli i Ham.

173 Etter mitt syn er dette sammenhengen vi må plassere beskrivelsen «Hellige og Syndere» inn i: «*Luther described Christians as 'simultaneously saint and sinner'. Some religious traditions distinguish between 'saints', who obey God's will, and 'sinners', who disobey. Lutherans cling to a both/and understanding of Christian identity that redefines the word 'saint': a saint is a forgiven sinner. Our dual identity as saints and sinners reminds us that our righteousness always depends on God's grace, never on our own religious behaviour. At the same time, our recognition that sin, while forgiven, remains a powerful force in the world and in ourselves gives us a realistic ability to confront cruelty and evil, confident that God will have the last word.*» (NB: jeg er ikke lutheraner, bare enig med ham i denne saken).

Se: http://www.thelutheran.org/article/article.cfm?article_id=5895&key=34751023

174 – Det heter til og med 'kondisjonalis'. For gresk anvendelse se http://www.ntgreek.org/learn_nt_greek/subj-detail-frame.htm «Om verbets handling faktisk vil skje, kommer an på visse objektive faktorer eller omstendigheter som først må inntreffe. Det har en rekke konkrete anvendelsesområder og brukes ofte i betingede utsagn (dvs. 'Hvis- eller Da-setninger') eller i hensiktsledd.»

175 For du møter selve Gud, – Den hellige ånd, gjennom Hans Ord.

176 Så Gud er den handlende part, du er den passive mottageren. Men om du støter det fra deg, er din aktive frastøting en aktiv handling fra din side.

177 Rom 10,9, jf. Sal 145,8 og Sal 94,9: «*Hører ikke han som plantet øre, ser ikke han som formet øyet?*» (jf. NIV) https://www.blueletterbible.org/kjv/psa/94/9/t_bibles_572009

178 1. Joh 3,8 RSV

179 Dom 16,17: Samsons egentlige brist var, selvsagt, at han ikke forsto den *egentlige* kilden til sin kraft. Hadde han sagt til Delila at «kilden til min styrke er at Guds Ånd kommer over meg og gir meg overmenneskelige krefter», ville hverken hun eller filisterne kunne gjort noe som helst.

www.ingramcontent.com/pod-product-compliance
Ingram Content Group UK Ltd.
Pitfield, Milton Keynes, MK11 3LW, UK
UKHW041956190726
13854UKWH00005B/2017

9 788269 124422